当代西方学术新视野译丛

本译著获得西安外国语大学英文学院学科建设经费资助出版

Translation and Creativity

翻译与创造性

Kirsten Malmkjær

[英]科斯滕·马尔姆克亚尔 / 著

张倩 / 译

陕西新华出版传媒集团 陕西人民出版社

图书在版编目（CIP）数据

翻译与创造性 /（英）科斯滕·马尔姆克亚尔著；
张倩译. —西安：陕西人民出版社，2022. 8
ISBN 978-7-224-14530-4

Ⅰ. ①翻… Ⅱ. ①科… ②张… Ⅲ. ①翻译—研究
Ⅳ. ①H059

中国版本图书馆 CIP 数据核字（2022）第 107249 号

著作权合同登记号　　图字：25-2022-093

出 品 人：赵小峰
总 策 划：刘景巍
策划编辑：李　妍
责任编辑：李　妍　张阿敏
封面设计：杨亚强

翻译与创造性

作　　者	［英］科斯滕·马尔姆克亚尔
译　　者	张　倩
出版发行	陕西新华出版传媒集团　陕西人民出版社 （西安市北大街 147 号　邮编：710003）
印　　刷	陕西龙山海天艺术印务有限公司
开　　本	787mm×1090mm　32 开
印　　张	8.75
字　　数	200 千字
版　　次	2022 年 8 月第 1 版
印　　次	2022 年 8 月第 1 次印刷
书　　号	ISBN 978-7-224-14530-4
定　　价	59.00 元

如有印装质量问题，请与本社联系调换。电话：029-87205094

谨以此书献给戴维（David）、托马斯（Tomas）、艾米（Amy）和尼尔斯（Nils）。他们对我的重要程度，无以言表。

致谢

我要感谢劳特里奇（Routledge）出版社的路易莎·塞姆林（Louisa Semlyen）女士，是她建议我把在艺术与人文研究委员会的研讨发言扩展为一本书。在写作的过程中，我学习到了比我当时所知多得多的东西。

感谢斯卡恩博物馆（Skagen's museum）馆长蒂恩·施密特·海斯兰（Tine Schmidt Haislund）先生，感谢他同意我的请求，允许我在第一章中使用迈克尔·安谢（Michael Ancher）的油画作品《他能否越过那个据点？》（*Vil han klare pynten*）。

代译序：

翻译创造性的“美学态度”观

——《翻译与创造性》述评

翻译研究从最早谈论翻译时的“灵感”“创意”“创造性叛逆”，到后来采用神经科学、认知科学等技术手段考察创造性在翻译过程中的表现，可以说翻译与创造性研究早已是翻译领域的一项经典课题。2020年，英国翻译研究学者科斯滕·马尔姆克亚尔（Kirsten Malmkjær）重拾经典，与劳特里奇出版社合作推出了她的新作《翻译与创造性》（*Translation and Creativity*）。该书从康德的哲学理论出发，重新考察了创造性的定义及相关概念，并在此基础上探讨了翻译与创造性的关系，揭示了翻译过程与翻译文本中的创造性特征，最后指出美学态度是产出创造性译文的关键因素。该书角度新颖，内容丰富，为翻译与创造性的相关研究贡献了全新的成果，是一本值得推介的翻译研究学术著作。

1. 内容概述

《翻译与创造性》的第一部分是“引言”（Introduction），主要是为了引入话题和概述章节安排。全书的主体内容共分为五章，下面将依次予以简要介绍。

在第一章“创造性的定义”（Definitions of Creativity）中，作者根据康德的哲学理论，总结出了创造性的十大特征：（1）创造性是单一的一件事情；（2）创造性是一项特殊才能或天赋；（3）创造性是一项个人特质；（4）创造性是艺术家的特质；（5）原创性是创造性的前提；（6）创造性不可传授；（7）创造性无规则可循；（8）创造性产出艺术品；（9）创造性是自发的；（10）创造性是天生的（Malmkjær，2020：7）。紧接着，作者逐一考察了康德关于创造性的这十个观点，并将其与当代学者们关于创造性的主张进行对比，发现后者与前者的意见分歧主要表现在：当代学者们倾向于认为，创造性并不是单一的一件事情；创造性是一项天赋，但却并非天才独有；创造性的发挥依赖个人，但人们也常以团队合作的方式创造出新颖的物品和观点；创造性并非艺术家独有；原创性是创造性的重要方面，但是创造性活动中也存在复制因素；创造性可以传授；创造性也遵循一定的规则；富于创造性的物品不仅局限于艺术品；创造性可以是自发的和天生的，但也可以在后天得到锻炼和提升。显而易见，当代学者对创造性的理解相当包容。然而即便如此，马尔姆克亚尔又强调说，“人们通常还是认为，只有在直接创造出来的事物中，才能看到新颖性（novelty）和原创性（originality）。所以，在这些视角的限制下，翻译能否被认为具有创造性依然存在争议”（同上）。

第二章的题目是“创造性定义语境下的翻译”（Translation in the Context of Definitions of Creativity）。作者在第二章批判性地整合了康德与当代学者们关于创造性的主张，为第二章考察翻译的创造性拟出了一个提纲式的定义。据此，第二章对应用十个小节提出了十个问题：（1）翻译行为是不是单一的一件事情？（2）翻译行为是不是一项特殊才能或天赋？（3）翻译行为是不是一项个人特质？（4）翻译行为是不是艺术家的特质？（5）原创性是不是翻译行为的前提？（6）翻译行为是否可以传授？（7）翻译行为是否有规则可循？（8）翻译行为是否产出艺术品？（9）翻译行为是不是自发的？（10）翻译行为是不是天生的？作者通过援引前人的研究和例证，从上述十个方面逐一考察了翻译的特点，最后对这一系列问题进行了概要式总结，认为翻译行为同创造性一样，可以被看作一种可辨识的人类特征；所有双语者在一定程度上都具备这一特征；双语者或许会自发地进行翻译，但是翻译能力是可以得到培养和训练的，而且可以制定出某些指导性原则来促进翻译能力的发展；翻译的瞬间发生在个人的头脑中，但也会受到先前经历和他人观点的影响；许多翻译项目都是集体劳动的成果；在艺术品种类繁多的背景下，翻译作品也完全堪称艺术；翻译作品很显然是具有原创性的，尽管其创新方式仍带有模仿和复制的特征。

在第三章“翻译过程阐述”（Accounts of the Translation Process）

中，作者从哲学语义学和翻译过程研究两方面探讨了翻译相较其他文本活动所具有的独特性。哲学语义学的阐释表明，意义是一种存在于说话人、听话人、时间、地点、以及一系列广泛因素之间的关系；意义转瞬即逝，独特且不可重复。任何语言接触都带有翻译的性质，无论源语和目的语是什么语种。译者参与到跨文化的接触当中，会对原文和译文之间的关系产生一系列的影响。换言之，基于语义的瞬间性和独特性，同时由于语言在本质上就带有翻译性，因此翻译也表现出其独特性与创造性的特征。此后，作者又综述了翻译过程的实证性与思辨性研究，回顾了采用有声思维法、眼动追踪和键盘记录等方法得到的研究结果，再次指出翻译的过程不同于普通的阅读和写作过程，该过程独一无二且富有创造性。此外，作者在本章末尾提出了一种基于新康德哲学美学的翻译观，认为译者应该对原文持一种“美学态度”（aesthetic attitude），因为这种态度与翻译的创造性密切相关。

第四章“翻译行为与翻译作品中的创造性”（Creativity in Translating and Translations）阐释了三十位译者对自己翻译工作的自述并分析了相关的译例，尝试借此找到产出创造性翻译的关键因素。上一章提到了美学态度对创造性翻译的重要性，本章对此进行了详细阐述。作者从罗杰·斯克鲁顿（Roger Scruton）的美学理论中借鉴了“美学态度”这一概念，指出美学态度是一种十分纯粹的态度，全然出于审美主体对事物本身的关注和欣赏（参见 Scruton，1974）。马尔姆克亚尔认为，译者对原文所持的态度跟这种细致观察和深入了解的态度十分相似。在这一章中，作者通过分析多位译者以及她本人的翻译实例，指出译者对原文所持的态度也可以是一种非常纯粹的美学态度，这种态度表现为译者对原文极高的关注度，同时也体现在译者对原文细致描述的愿望上，马尔姆克亚尔认为这种细致描述其实就是翻译活动本身。最后，作者明确表达了关于美学态度与翻译创造性关系的看法，认为译者对原文是否持美学态度对于创造性译文的产出至关重要，如果译者采取美学态度来对待原文，那么会更有可能提升译文的创造性。换言之，在马尔姆克亚尔看来，美学态度就是译者产出创造性译文的关键因素。

最后一章是“结语”。在这一部分，作者简要总结了本书各章的内容，重申了翻译过程与翻译作品所涉因素的复杂性，再次强调了翻译的创造性属性。

2. 著作特色

《翻译与创造性》一书甫一面世，就有两篇英文书评随即发表在西方的两本翻译研究刊物上。这两篇书评对该书的评价可以说褒贬不一，各执一词。巴莱塔（Marco Barletta）的评价非常之高，认为该书带来了“新的精神食粮”“走了一条翻译界的学者们鲜少踏足的新路”“有一位了不起的翻译学者用哲学和分析之手一路引领着读者”（Barletta，2020：312）。而莫里尼（Massimiliano Morini）的评价则偏向负面，其中对该书最大的诟病在于认为作者在论证的某些方面存在逻辑问题（Morini，2020）。下面的内容拟对该书的特色从三个方面进行简要评论，同时会回应莫里尼的部分观点。

2.1 选用经典理论探讨经典课题

如前所述，关于翻译与创造性的研究由来已久。事实上，早在西塞罗（Marcus Tullius Cicero）、贺拉斯（Quintus Horatius Flaccus）、圣哲罗姆（St. Jerome），以及释道安和玄奘等早期的中外哲学家和佛经翻译家在谈论“意译”（sense for sense translation）和诸如“不翻”“不易”等翻译原则或策略时，就已经涉及翻译中的创造性问题。或者说，从人们开始尝试建立翻译理论之初，创造性的课题就已经随之而存在了。翻译学成为一门独立的学科之后，关于翻译与创造性的相关研究变得愈发细致，其间有许多成果问世，包括好几部论文集。其中，Continuum 出版社于 2006 年推出的论文集《翻译与创造性：创意写作与翻译研究面面观》（*Translation and Creativity: Perspectives on Creative Writing and Translation Studies*）甚至与马尔姆克亚尔这部新作的书名有所重合。所以说翻译创造性研究早已是一项经典课题，而《翻译与创造性》这本新作的特色之一，是它又选择了经典的康德哲学作为切入点，让经典与经典碰撞出新的火花。

作者之所以选择从康德的哲学理论切入，原因在于她认为康德哲学对西方思想有着广泛而持久的影响，康德关于创造性的主张也具有开创性意义（Malmkjær，2020：4）。然而，在莫里尼看来，现在已经“很少见到有研究是用这种带有哲学意涵的方式来探讨一个广泛的历史性课题”（Morini，2020：384）。莫里尼的这句话不无批评的意味，因为今天的学术界倾向于只发表那种“可证的”（demonstrable）和“可辩的”（defensible）研究（同上），而马尔姆克亚尔的这部新作显然在某些方面并不符合这种审美取向。学界偏爱的研究多以一种可预测的面目出现，如果马尔姆克亚尔“迎合”这种预测来撰写《翻译与创造性》一书，那么这本书将会“引用全部的现有文献，进行纯粹基于逻辑的论证”，……最后“只为已有知识贡献一点点微小的个人意见”（同上）。但是，作者并没有这样做，她选择从哲学理论切入，采用经典的哲学思辨式论证方法，旁征博引，从任何可以汲取论据的地方广泛汲取论据，最后提出了全新的个人观点。

2.2 论证环环相扣，理例结合

莫里尼（Morini，2020）认为《翻译与创造性》具有论证和逻辑上的瑕疵。该批评其实是出于评论者对作者论证思路的误解。莫里尼指出了两点：第一，马尔姆克亚尔在认定了翻译具有创造性之后又指出美学态度会提高翻译的创造性，这样做反而削弱了翻译具有创造性这一核心论点；第二，马尔姆克亚尔所持的“审查删改、马马虎虎和不认真的译文是没有创造性的”这一观点不总是符合历史事实（Morini，2020：386）。首先，莫里尼认为，如果作者论述的目的是要证明翻译具有创造性，那么同时又提出创造性翻译需要以创造性的方式来进行反倒不利于该论点。然而，莫里尼忽略了，作者早在第一章和第二章讨论创造性的定义以及翻译的创造性特征时就指出过：人人都可以具有创造性，但并不是所有人的创造性水平都相同；同样，翻译具有创造性，但并不是所有译文的创造性水平都相同。因此，当作者在第四章提出译者对文本持美学态度会提升译文的创造性这一观点时，并没有造成逻辑问题，与前文的观点也并不矛盾。其次，莫里尼举例指出，一些对原文进行过删改的译文后来被历史证明属于成功的翻译案例，因此不能说这些译文没有创造性。很显然，莫里尼这里的“创造性”并不是《翻译与创造性》一书所谈论的“创造性”。莫里尼用译作是否取得成功这样的结果来反推其是否具有创造性，这几乎相当于把“创造性译文”简单地等同为了“不忠实于原文，但却取得了成功的译文”。这样做不仅脱离了《翻译与创造性》一书对创造性的理解，而且把创造性概念置于一个伪描述的框架之下。这种伪描述的做法很容易让所有的概念都陷入不可知，让任何限定范围内的学术讨论都变得不可能。

如果我们简要地梳理一下《翻译与创造性》的论证思路，会看到这样一个过程：作者从康德关于创造性的观点入手，引入对翻译创造性的考察，在初步提出翻译具有创造性的假设之后，又结合哲学语义学以及基于数据的翻译过程研究（这也是莫里尼所推崇的那种“可证的”和“可辩的”研究）确认了翻译过程相较其他文本活动的独特性和创造性，最后通过对大量译者自述的阐释和译例分析，落脚到美学态度对创造性翻译的重要作用上。可以看出，马尔姆克亚尔的论证思路相当严密，从康德哲学开始，到新康德哲学美学结束，论证过程不仅合乎逻辑，且环环相扣。全书的论证不仅有“理”，而且有“例”。在第一章论证创造性是否自发这一问题时，马尔姆克亚尔提供了两个艺术品的实例来说明创造性也可以是精心设计和技艺磨炼的结果，第四章更是大量使用了译者自述以及翻译实例来论证美学态度的重要性。

2.3 多元支撑，大胆拓展

该书的另一显著特色是从多元角度切入要讨论的问题，同时为论点提供了多元证据支撑。而这种做法在某种程度上也恰好展示了翻译活动与翻译作品的复杂性和多元性。如作者在书的最后所总结的那样，在这本书的写作中，我借鉴了创造性理论、哲学美学、语言哲学、翻译[过程]实证研究、翻译[过程]理论研究、以及译者对自己译作的阐述。我认为，这些都使得本书的主题更加综合化了，同时又不止于此。我相信通过展示这些不同主题与翻译研究的相关性，翻译行为的复杂性以及翻译作品所涉及内容的庞杂性得到了进一步的突显……（Malmkjær，2020：106）。

众所周知，翻译研究，或者从广义上讲，人文科学领域的研究由于追求类似自然科学研究那种步步为营的严密性，渐渐形成了某种学术审美上局限。对应地，学者们的学术写作也常常在“严谨”和“谨小慎微”之间画上了等号。就像莫里尼所说的那样，现在很少见到像《翻译与创造性》这样的著作（Morini，2020：384）。这本书并没有按照学术写作可预测的步骤去按部就班地进行。作者虽然从康德的哲学出发，但也并没有局限于这一视角，而是如上文所述，从多个角度对翻译与创造性的话题给予讨论。事实上，马尔姆克亚尔这种采用多元角度进行论述的做法并未影响她的核心论题，反而从更丰富的层面、更好地服务了这本书的写作目的。尤其有两点值得称道的是：第一，她借用译者自述来考察创造性翻译中的关键因素，将译者主体的观点纳入了考量；第二，她把话题拓展到了美学态度对创造性翻译的重要性上，将翻译与创造性研究从描述层面带入了阐释层面。第一点正是芒迪（Munday，2013）所提倡的档案分析法在翻译研究中的运用，这样做在视角上和论据上都为本书提供了多元支撑。第二点，作者把话题延伸到美学态度，将研究的视野提升至一个新的维度，不再仅仅是对翻译的创造性进行描述，而是开始探究其背后的原因。最后作者明确提出，美学态度就是产出创造性翻译的关键因素。这样做之所以称得上大胆，是因为正如莫里尼所言，现今的学术界倾向于认为，个人的观察只能是在前人研究基础上的微小累加，任何过于明确或独树一帜的个人意见都可能被视为“论证上的跳跃与风险”（Morini，2020：387）。

3. 不足之处

虽然《翻译与创造性》一书特色鲜明，论点“聪颖巧妙”（clever and beautiful）（Pym，2020），但也存在一定的不足。

3.1 关于创造性定义的表述不够明确

《翻译与创造性》第一章和第二章的题目分别是“创造性的定义”和“创造性定义语境下的翻译”。第二章的内容是根据第一章总结出的创造性的十个特征来考察翻译行为是否具有创造性。可以看出，马尔姆克亚尔在这里相当于默认第一章谈论的创造性的特征就是创造性的定义，第二章的题目也是这种默认的产物。然而，作者除了在这两章的题目当中使用了“定义”这样的字眼，文内并没有任何明确的关于创造性定义的论述。但问题是，特征并不等同于定义，特征只是事物定义的充分条件，不是必要条件。特征的集合或许可以构成定义，但情况并不总是如此，且这里提到的特征集合也未必是穷尽性的。同样地，就算是穷尽性的特征集合也并非一个恰当的定义方式。创造性是本书的核心课题，这一点单纯从书名就可以看出。书中前两章的内容或直接讨论、或密切依赖于创造性的定义，然而作者却没有在文字论述环节对此有任何明确的阐述，这种缺失无疑会为读者的阅读造成隐性的认知负担。

3.2 欠缺对翻译领域创造性研究的针对性回顾

如前所述，关于创造性的研究是翻译界的一个经典课题，已有不少的相关研究，甚至马尔姆克亚尔这部新作的名字与之前的论文集都有所重合。然而，从作者在第一章引用康德开始，到后来大量引用的雷恩（Alf Rehn）、索耶（R. Keith Sawyer）、博登（Magaret Boden）、西卡森特米哈伊（Mihly Csikszentmihalyi）等人，这些学者的研究都不属于翻译领域。第二章开始讨论翻译的创造性，然而作者依然没有具体到翻译界关于创造性的研究。第三章阐述的是翻译过程中的创造性。事实上，翻译过程研究有不少专门针对创造性的研究成果，但作者还是只关注到宏观层面，并未就事论事地回顾该领域创造性研究的相关文献。虽然我们知道，马尔姆克亚尔从一开始就没有打算“按套路出牌”，但即便如此，从研究的学科归属性上来讲，这本书仍然隶属翻译研究领域，因此对翻译界关于创造性的已有研究进行必要的回顾相当重要，这样做有利于该领域形成一定的学术连贯性。在这个意义上，该书的文献背景有略显宽泛和不够切题之嫌。

4. 结语

翻译与创造性研究已经不是一个新鲜课题了，但是这次，马尔姆克亚尔的《翻译与创造性》一书，依然设法找到了一种新的方式，从康德的哲学观点出发，让经典理论与经典课题碰撞出了新的火花。更为重要的是，作者将翻译与创造性研究从“是什么”的描述层面拓展到了“何以如此”的阐释层面，引入了“美学态度”概念，指出美学态度是译者产出创造性译文的关键因素，为翻译与创造性研究做出了某种突破性贡献。该书无论是在内容上还是思路上，对于翻译研究学者、翻译专业的研究生，以及翻译实践工作者，都具有不容小觑的启发和借鉴意义。

最后，关于这本书的翻译，这里想要稍加谈及的一点是翻译研究类作品的翻译中会特别遭遇的一种挑战，我们不妨暂且称之为“翻译+”问题。这种挑战关乎翻译，但又不全然关于翻译活动本身，涉及的是翻译事件及其所引发的关照，考验的甚至不是译者的翻译技能，而是译者看待和处理翻译相关问题的思路。这种挑战在翻译研究类的专著或论文译入其他语言时普遍存在。

作为一本关于翻译研究的英文专著，该书译例繁多，涉及好几种语言，包括法语、德语、荷兰语、丹麦语、西班牙语等，当然还有英语。原作面向的是英文读者，对于原作读者而言本属外语的译例原文可以理所当然地不做翻译，直接在中文译本中予以保留，但是问题在于，原作译例中的英文内容，对于这本中文译著而言则是不折不扣的源语，按理应当充分翻译。而如果直接将这些原作译例中的英文内容译入中文，一方面会造成译例语对的扭曲，另一方面也常常无法向中文读者有效传达原作中源语与译入语之间的语言差异。于是，译者不时需选择将原作译例中的英文内容保留下来，同时再用中文对这些内容作出某种字面上的注解（甚至都不是翻译）。这样的处理对于中文读者而言，往往会造成一种夹生阅读的感觉，不得不说是一件令人十分无奈的事情。而除了译例之外，原作正文中偶尔也会出现一些对英文读者而言本属“外语”的词汇，但是作者却是把这些“外语”当成已知信息在使用。这种情况下，翻译时是应该直接把原作中的外语符号植入中文，保留那种陌生化的效果？还是应该优先保证中文读者的理解，对其进行翻译？对于这些问题，译者也都需一一考虑具体情形，无法大而化之地作出某种“原则性”的统一处理。

诸如此类翻译研究类作品译入其他语言时会遭遇的“翻译+”问题，还有许多案例可举，但是囿于篇幅，此处不做冗述。

另有一点想要表明的是，虽然译者对原文的确秉持着马尔姆克亚尔本人所提倡的那种细致观察的“美学态度”，但却并不敢以“创造性”为至上追求。大多数时候，译者都是在亦步亦趋地处理原作的语言和内容，尽力将翻译中可能流失的成分降到最低。然而，限于译者本人的语言能力和知识水平，译文在各个方面仍难免疏漏乃至谬误。对于这些不足，还望读者方家能够多予涵谅并多加指正。

参考文献

Barletta, Marco. 2020. Book Review of Kirsten Malmkjær's *Translation and Creativity* [J]. *Translation and Translanguaging in Multilingual Contexts* 6 (3):312-315.

Malmkjær, Kirsten. 2020. *Translation and Creativity* [M]. New York: Routledge.

Morini, Massimiliano. 2020. Book Review of Kirsten Malmkjær's *Translation and Creativity* [J]. *Target* 32 (2): 384-388.

Munday, Jeremy. 2013. The Role of Archival and Manuscript Research in the Investigation of Translator Decision-Making [J]. *Target* 25 (1): 125-139.

Pym, Anthony. Reviews of Translation and Creativity. https://www.routledge.com/Translation-and-Creativity/Malmkjaer/p/book/9781138123274 [accessed 15 December, 2021].

Scruton, Roger. 1974. *The Aesthetic Attitude: A Study in the Philosophy of Mind* [M]. London: St. Augustine's Press.

序言

创造行为与创造性的概念在公共与政治意识当中占有举足轻重 1
的地位。世界经济论坛2018年就业前景报告表明创造性已经成为越来越受重视的技能之一［2018年12月4日《泰晤士报》（教育版：20）］。英国时尚品牌Toast 2018年秋季目录第一页的标题是“一项创意之举”，正文开篇写道：“创造性激励着我们所有人。”创造性被认为是人类智慧中最了不起的天赋（Robinson，2001/2011：xiii）。欧盟在2009年庆祝了“创意与创新年”，宣告“欧洲的未来仰赖人民的想象力和创造性”（欧盟，2009：1，转引自Sawyer，2012：3）。

2018年3月，英国广播公司（BBC）启动了“英国民众创造性测试”，

> 这是BBC艺术部和“明日世界”（Tomorrow's World）节目组为了他们的创意节（Get Creative Festival）而委托“全民科学”（Citizen Science）协会组织的一项实验，对英国民众进行了一个简短的问卷调查，调查内容包括他们的兴趣爱好、业余消遣，以及从事这些活动会带给他们的感受……

该节日旨在“鼓励人们尝试新事物并发挥创造性”，因为“创造性活动可促进精神健康”（www. bbc. co. uk/programmes/articles/h0Wf2JL3GnG52jLp7j1ydk/are-you-brave-enough-to-take-the-great-british-creativity-test，2019 年 2 月 13 日访问），这也是西卡森特米哈伊（Csikszentmihalyi）明确支持的观点（1996/2013：1–2）。然而，网站的标题却清楚地表明，参与这项活动需要勇气，写着《有没有胆量来参加“英国民众创造性测试”？》(Are You Brave Enough to Take the Great British Creativity Test?)。这略微显得有些奇怪，难道创造性是危险的？ 抑或是参与了测试，结果却被证明没有创造性的人会遭受什么后果？ 这项测试提供的创造性活动类型非常之多，因此，网站
2 上发出的勇气挑战帖不太会带来后一种危险。事实上，人们常常把创造性与危险联系在一起，这种断言也并不少见。同样地，创造性和真相也常常被放在一起谈论，因为真相本身有时会涉及危险。例如，丹切夫（Danchev，2014）在谈到安塞尔姆·基弗（Anselm Kiefer）2014 年 9 月 27 日至 12 月 14 日在伦敦皇家艺术学院的展览时，说“安塞尔姆·基弗那拥有非凡创造性的世界充满了根本上的真相：灾难性的真相、变革性的真相、令人惊叹的真相”（《泰晤士高等教育增刊》，2014 年 10 月 2 日：46）。在丹切夫这句话的冒号后面，有对危险的明显暗示。这篇文章的末尾这样写道：“要勇敢，现在就行动，思考永不停止。”（Danchev，2014：47）丹切夫这篇鼓励大家要勇敢的文章以及 BBC 网站的标题，都表达了一种危险与创造性之间的关联性。2015 年 3 月，英国剑桥大学丘吉尔学院默勒中心举办了马蒂奥利·伍兹有限公司（Mattioli Woods plc）财富管理和员

工福利研讨会，会议上也传达了类似的观点。当时一位演讲人向与会者保证，他的公司将提供“安全的创意”。

那么，既然创造性是一个如此有风险的现象，那它的意义在哪里呢？ 它潜在的危险又表现在哪里呢？ 在第一章中我会回答第二个问题。现在，我们先来集中处理第一个问题，因为这个问题更为经常和更为普遍地被问及，也更容易应对。

BBC 关于创造性的网站内容显示，“已经有大量的数据证明，创造性活动可以促进我们的情绪和精神健康”，为创造性测试提供灵感的那位学者，也在其发表的作品中充分论证了这一点（Fancourt & Perkins，2017，2019；Burrai et al.，2016；www. ucl. ac. uk/iehc/research/behavioural-science-health/people/staff/fancourt，等）。的确，创造性与精神健康之间已逐步建立起了联系。按照西卡森特米哈伊（Csikszentmihalyi，1996/2013：1-2）的理论，我们之所以对创造性感兴趣并投入其中，存在两点原因：第一，“大部分有趣、重要且有*人类特征*（*human*）的活动都离不开创造性”（Csikszentmihalyi，1996/2013:1，斜体保留自原文）；第二，在发挥创造性的时候，“我们会感到比人生中的其他时间更加充分地享受生活”（1996/2013：2）。

人们之所以常常鼓励创造性，除了心理学上的好处之外，还因为，从另一个视角考量，创造性普遍被认为与领导力密切相关。根据索耶（Sawyer，2006：4）的论述，“创造性是有效领导的一项关键技能”，因为有创造性的领导者才能充分激励自己的团队，进而共同迎接日新月异的社会和经济发展所不断带来的挑战。在这一理念之下，大量与创造性相关的研究得以开展，用来促进商业领域的创造性领导模式。与此同时，索耶还提到，创造性能帮助我们更好地解决问题和进行教学。他解释说，正是因为这些因素，了解创造性才显得至关重要，而且也正如之前西卡森特米哈伊所论述的那样，人们在发挥自身创造性的时候，精神健康要比平时更好，而非相反（Sawyer，2006：5）。

正因如此，至少部分因为如此，学校方面也鼓励创造性，教师用书的题目都要体现出创意。这些做法屡见不鲜。

3 本书关注的内容不在精神健康方面，也不在经济学或教育学方面，而是与创造性相关的研究，针对的是“那些重要的艺术形式”（Sawyer，2006：5）。这并非出于精英主义，而是因为，我不仅要论证翻译行为是一项重要的艺术形式并且能创造艺术，同时还想表明，翻译行为本身就富于创造性。翻译过程中的极个别环节或许是机械的或者程式化的（正如绘画、舞蹈和作曲等也涉及这种程式化因素一样），但是翻译的本质是创造性的。

索耶的《解释创造性：关于人类创新的科学》（*Explaining Creativity: The Science of Human Innovation*）一书在副标题中将创造性与创新联系了起来。这种关联十分常见，而这似乎使创造性与翻译之间的关系变得有些为难。因为有人可能会说，译者践行的艺术是基于前人作品的，而且人们往往认为相较译者的作为，前人的作品才更值得称道。例如，理查兹（Richards，1979：4–5，黑体为我所加）在谈及约翰·沃尔夫冈·冯·歌德（Johann Wolfgang von Goethe）的时候，他这样写道：

> 歌德之所以[在1795年到1805年间]投入大量的时间和精力从事翻译工作，是因为他当时做不了其他的事情——因为他的创作生涯到了一个瓶颈期……歌德应对这种创作瘫痪状态的方式就是从事翻译活动。通过翻译，他希望可以把那些无法进行创作的时间用文字工作填充起来，**哪怕是低一级别的文字工作，**并且希望可以找到回归诗学的办法，好在日后的职业生涯中彻底摆脱翻译这种权宜之计。

就连翻译学者们也随时准备接受此类观点。例如，纽柏特（Neubert，1997：17–21；2000：4）不得不把译者的创造性改述为一种"*衍生的或制导的创造性*……，因为这种创造性总是需要一个诱因，那就是原文。翻译所做的是将原文的内容纳入一个新的背景和截然不同的话语条件之下"（2000：4，斜体保留自原文）。用勒弗莱德和佩特盖拉（Loffredo & Perteghella，2006：2）的话说，"在'创造性'方面"，翻译属于一种二级活动。对此，其他翻译研究学者，尤其是文学翻译学者（Kussmaul，1995：39–53；Beylard-Ozeroff et al. 1998；Kemble & O'Sullivan，2006；Perteghella & Loffredo，2006）持保留意见。而在本书当中，我想进一步表明的是：翻译行为和翻译作品中毋庸置疑存在着创造性因素。我将通过考察创造性及翻译的概念（或相关概念），从理论和例证两方面对此进行论证。

在第一章"创造性的定义"中，我考察了创造性的概念及其与危险和翻译等因素之间的关系。创造性与危险的联系，常常是通过创造性与疯狂的关联来达成的，后者可上溯到古典时代（Barrantes-

Vidal，2004：63），但是创造性与危险之间的联系也可以是直接的（Rehn，2011）。我在这一章开篇讲的是伊曼努尔·康德（Immanuel Kant，［1970］1951）关于艺术创造性的观点，从他的《纯粹理性批判》（*Critique of Pure Reason*）§ s 46–50 和《判断力批判》（*Critique of*
4 *Judgement*）谈起。康德关于创造性的主张具有开创性的意义，他对西方思想的影响广泛而深远。在康德看来，创造性是一种特殊的才能或“天赋”，这种天赋技能是一些特别的人与生俱来的，这些人就是艺术家。原创性（originality）是创造性（creativity）的前提，重复和规则是原创的大忌，但却是教学的核心，所以说创造性是不可传授的。创造性是一种自发现象，是艺术唯一的来源，反过来，艺术也是创造性唯一的成果。

我将康德对创造性的主张与后人的观点进行了比较，两者在诸多方面有所不同。尤其是后人认为，富有创造性的物品不再局限于艺术品，能够拥有创造性的人，也不再是某个独行天才，也包括普通人，而且这些普通人常常以团队合作的方式创造出新颖的事物和观点。不同于康德，许多当代学者都相信创造性是可以传授的。然而，即使当代学者对创造性的理解如此宽泛，人们通常还是认为，只有在直接创造出来的事物中，才能看到新颖性（novelty）和原创性。所以，在这些视角的限制下，翻译能否被认为具有创造性依然存在争议，而无可争议的是，翻译永远需要关联和依赖另一个既有的文本。

第二章“创造性定义语境下的翻译”对下面的问题进行了深入探讨：基于当下对创造性的定义，翻译能否被视为一种创造性活动？我想表明的是，同创造性本身一样，翻译行为也可以千变万化；翻译行为的产品和创造性的产品一样，也可以是多种多样的，也可以是艺术品。而且，就像创造力几乎无所不在地存在于人群当中一样，翻译能力似乎也无所不在地存在于双语人群当中；和创造力的情形一样，双语者的翻译和口译能力也参差不齐。总而言之，能力是可以通过教学得到提高的，教学活动也可以制订出可行的指导原则。有些创造性产物是个人努力的成果，有些则是团队的功劳；同样地，有些翻译是个人劳动（且不论译者也受到自身经历和学业背景的影响），有些翻译则是通过团队合作完成的。翻译中虽存在复制性因素，但它依然具有原创性，正如雷恩（Rehn，2011：137）所言，所有的创造性作品都具有复制性因素，那些认为翻译不过是复制品的观点在语言学和哲学上都站不住脚。

第三章名为“翻译过程阐述”。在这一章中，我从哲学语义学和翻译过程研究两方面，对翻译过程的思辨性研究和实证性研究进行了讨论。我所援引的哲学语义学阐释表明，任何语言接触都带有翻译的性质，独特且不可重复，无论源语和目的语是什么语种。译者参与到跨文化的接触当中，会对原文和译文之间的关系产生一系列的影响。基于新康德哲学美学，本文提出了一种翻译观，强调观察者对观察对象的态度。

第四章“翻译行为与翻译作品中的创造性”探讨的是译者对自 5
身翻译行为的描述，试图借此找到构成创造性翻译的核心要素。我对比了一些文本及其译文，包括一本多译的情况，目的是为了说明什么是创造性翻译，并将创造性翻译与那些差劲的翻译进行了比较。这一章有着明确的教学和实践意义，其中关于翻译创造性的主张旨在引发进一步的探讨。

最后，我在前几章内容的基础上，提出了对翻译概念以及翻译行为和翻译作品中呈现出的创作性和原创性的再思考。

目录

第一章

创造性的定义 / 001

1 引言 / 003

2 康德的创造性十特征 / 005

3 疯狂、危险与艺术 / 009

4 康德关于创造性的观点是否依然具有时效性？ / 016

创造性是不是单一的一件事情？ / 017

创造性是不是一项特殊才能或天赋？ / 020

创造性是不是一项个人特质？ / 024

创造性是不是艺术家的特质？ / 030

原创性是不是创造性的前提？ / 034

创造性是否可以传授？ / 036

创造性是否有规则可循？ / 038

创造性是否产出艺术品？ / 041

创造性是不是自发的？ / 043

创造性是不是天生的？ / 043

5 小结 / 044

6 本章余论 / 044

第二章 创造性定义语境下的翻译 / 047

1 引言 / 049
2 翻译行为是否符合当下关于创造性的观点？ / 050
翻译行为是不是单一的一件事情？ / 050
翻译行为是不是一项特殊才能或天赋？ / 053
翻译行为是不是一项个人特质？ / 056
翻译行为是不是艺术家的特质？ / 059
原创性是不是翻译行为的前提？ / 061
翻译行为是否可以传授？ / 067
翻译行为是否有规则可循？ / 068
翻译行为是否产出艺术品？ / 072
翻译行为是不是自发的？ / 077
翻译行为是不是天生的？ / 077
3 小结 / 081

第三章 翻译过程阐述 / 083

1 引言 / 085
2 翻译的意义理论 / 086
3 翻译的语言处理 / 100
4 如何做好一名译者 / 113

第四章 翻译行为与翻译作品中的创造性 / 119

1 引言 / 121
2 对原文的美学关注 / 122
3 一篇短文的翻译过程 / 145
4 章内小结 / 168
5 非创造性、非美学翻译 / 169
6 回到创造性 / 185
7 小结 / 192

第五章 结语 / 195

参考文献 / 199

索引 / 237

第一章

创造性的定义

1 引言

在本章中，我要考察的是创造性的概念及其与另外一些概念之 6
间的联系，包括天赋概念、疯狂概念和危险概念。这类联系往往在艺术和艺术家意识中发挥着某种作用。

在2014年5月8日的《怀特罗斯周末》(*Waitrose Weekend*)杂志上，蕾切尔·约翰逊（Rachel Johnson）展示了“特罗特先生（Mr. Trotter）的形象——一只穿着英国国旗背心的小胖猪”。该形象被用来进行啤酒促销，起先，人们都认为这么做达不到想要的广告效果。更合逻辑的情形或许应该是这样的：一开始，特罗特先生是一个凉拌猪肉产品的形象代言，而据说，促销的啤酒跟这个产品“很搭”。这种啤酒叫作“特罗特先生的栗子风味麦芽酒”，而这种风味的麦芽酒，“据特罗特先生的创作人之一马修·福特（Matthew Fort）说，……还得归功于鲁伯特·[帮森比]（Rupert [Ponsenby]）的天赋”。

这种天赋和创造性的关联——此处的例证是栗子风味麦芽酒的创意——起源于伊曼努尔·康德在《纯粹理性批判》(*Critique of Pure Reason*，1781，1787修订)和《判断力批判》(*Critique of Judgement*，1790)中对创造性想象力（creative imagination）的分析，尽管两者的情况未必完全一样。康德关于创造性的论述对西方的艺术概念及其性质有着深远的影响，后来常常在与创造性相关的著作中被引用（Danto，2013：ch 5；Doorly，2013：x；Gaut，2010；Katz-Buonincontro， 2015；Summa，2017，等）。创造性想象力概念是康德美学的核心（Crawford，1982/2003：143），而原创性又是他的创造性想象力概念的核心。在《纯粹理性批判》（§46，斜体保留自原文）中，康德宣称“天赋技能就是让艺术之所以是艺术的那种才能（或天生的技能）”。这是一种“内在的精神气质”，有了这种气质，“那些难以被明确定义的事物”（即艺术）才得以存在。它是一种才能，但却不是“仅仅通过学习某种规则就能获得的技能”，因此，“原创性必是它
7 的首要特质”。*原创性*的对立面是模仿，而学习就是模仿，因此艺术是不可传授的，但科学可以。正如康德所述（§47）：

> 无论是对于几何的基本要素，还是他自己伟大而深刻的发现，牛顿（Newton）都可以非常明确地将其中每一步到结论的过程向自己以及别人清楚地呈现出来。但是，一个像荷马（Homer）或维兰德（Wieland）这样的人，却无法说清自己头脑中那些绚丽多姿又富于思索的想法是怎样形成的。之所以如此，是因为他们并不知道这些想法的形成过程，因此也无法传授他人。在科学上，最伟大的发现者跟他勤奋的模仿者以及学生之间的差异仅仅是级别上的，然而，在从事艺术的人当中，自然赋予的特质却千差万别。

在这里，康德对艺术家和科学家做了鲜明的区分，科学家从前提到结论的逐步推理过程与艺术家头脑中自发而缺乏秩序的想法形成过程截然不同。康德认为，我们可以对科学家思维过程中的步骤详细地进行罗列、有逻辑地予以联系，然后有序地加以说明。原则上，每个人都可以被告知，并且理解科学家是如何从一组前提中得出某种结论的。有经验的科学家与新手科学家从事的活动只是在级别上有所不同，而非性质上的不同。相反，艺术家的头脑和非艺术家的头脑则有着质的不同。艺术家生来就“天赋异禀”。我们无法解释艺术家是如何创作出他们的作品的，就连“艺术家自己也不知道他的创意是怎么来的”。一个人要么是艺术家，要么不是，无法分出级别。

2　康德的创造性十特征

从上述对康德庞杂观点的简要陈述中，我们可以总结出创造性的以下 10 个特征：

（1）创造性是单一的一件事情；

（2）创造性是一项特殊才能或天赋；

（3）创造性是一项个人特质；

（4）创造性是艺术家的特质；

（5）创造性的前提是原创性；

（6）创造性不可传授；

（7）创造性无规则可循；

（8）创造性产出艺术品；

（9）创造性是自发的；

（10）创造性是天生的。

8 虽然康德的影响经久不衰，但他的观点及其变体当然也不是没有遇到过挑战。例如，克劳福德（Crawford，1982/2003：156）认为，康德默认牛顿会以“有序、直观和明确的步骤”发展他的理论，这是不对的。在克劳福德看来，康德混淆了“发现的顺序……和教学的顺序或对已知真理的系统陈述”，克劳福德宣称，他“认为数学家也像诗人荷马或维兰德一样。后者无法告诉别人自己头脑中的想法是如何形成的，前者也无法更好地讲清自己的头脑是如何发现一个隐蔽的证据或结构的”（1982/2003：157）。克劳福德还指出，我们没有理由认为，艺术作品不像数学证明那样是经过缜密思考的，只不过，艺术的首要目的不是证明其结论的合理性而已。

请看图 1-1 和图 1-2。图 1-1 是瑞典女画家希尔玛·阿夫·克林特（Hilma af Klint）1915 年的画作《天鹅》（*Svanen*）；图 1-2 是丹麦印象现实主义画家麦克尔·安谢（*Michael Ancher*）1880 年左右的帆布油画《他能否越过那个据点？》。

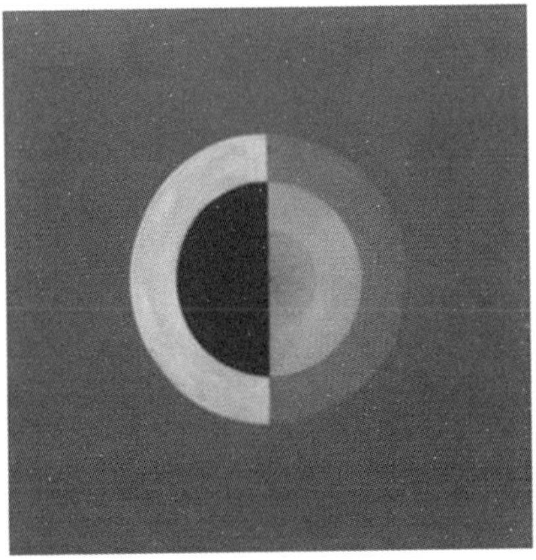

图 1-1　希尔玛·阿夫·克林特，《天鹅》，nr17，IX/SUW 组，SUW/UW 系列，1951 年。斯蒂夫特森·希尔玛·阿夫·克林特·威克（Stiftelsen Hilma af Klint Verk）。照片：当代博物馆/阿尔宾·达尔斯特伦（Moderna Museet/Albin Dahlström）。该作品位于公共展区。

图 1-2　麦克尔·安谢，《他能否越过那个据点？》

1880 年，帆布油画，63.5 cm×79.5 cm

图片来源：www.skagensmuseum.dk/samlingen/vaerkerne/michael-ancher/pynten/

按照我们对“自发的”或“随机的”这两个词的正常理解，上述作品，以及许多与之类似的作品，其精心的设计和构图让人无法相信它们的创作是自发的或随机的。的确，“希尔玛·阿夫·克林特相信，她在创作的时候，可以实现与某种更高维意识的接触，这些高维主体通过她来表达和传递信息”（Müller-Westerman，2013：33）；然而，穆勒–威斯特曼（Müller-Westerman，2013：33）指出，希尔玛·阿夫·克林特的画作体现了“显著的构图感”，所以，认为任何艺术作品都是自发的和随机的，这种观点十分令人怀疑。

9 而克劳福德（Crawford，2003：157）当然是对的，我们不应该用“作品的形态来再现其创作的过程”，同样地，我们不能用文学作品或其译作的形态来再现其写作或翻译的过程。无论是文学译者还是非文学译者，只要时间允许，他们总会在进一步思索的基础上反复修改自己的译文，后来的想法会替换之前的想法。这一点毫无疑问，译者的自省式回溯以及实证录屏研究也证明如此（Shih，2015；Göpferich，Jakobsen & Mees，2008；详见第三章）。创造一件艺术作品的过程和发展一套科学理论的过程都需要时间，而且必须有一定的步骤，这无可争议。现在的问题是：这两个过程的源起在性质上是否存在差异？也就是说，是否只有某些人，尤其是那些有天赋的、我们称之为艺术家的人才能够创造艺术？下面我将着力应对这个问题并逐一分析康德关于创造性的见解。在第二章中，我会将此处的结论与翻译是否构成一项创造性活动结合起来进行探讨。

首先，我们需要先回过头来关注引言当中提出的一个话题：艺术（创造性）与疯狂和危险之间默认的联系。事实证明，这是一种奇特而牢固的关联。

3　疯狂、危险与艺术 10

疯狂和危险，这两项元素与创造性之间的联系至少可以追溯到柏拉图（Plato，前 427—前 347）《理想国》（*The Republic*）当中的部分内容（第 2、3、10 卷）。柏拉图特别反对诗歌作品，也反对戏剧和视觉艺术，他认为这些作品仅仅是表象，是不真实的、模仿出来的表象，不同于人们普遍经验中的真实世界。因此，在柏拉图的本体论中，这类艺术形式与真实事物之间的距离变得更远了，它们吸引的是人性中不那么理性的部分：

> 当诗歌代表着性、愤怒以及我们所有行为中那种对快乐的渴望和对痛苦的感受时，它会有一种……效果，[让我们沉浸在那些我们通常会试图克制的情感当中]。当这些情感该当枯萎的时候，诗歌会浇灌它们；当我们应该为了自己更大的幸福和快乐去控制这些情感的时候……，诗歌会让它们反过来控制我们。国家唯一应该允许的诗歌就是对神的赞美诗和对好人的赞美诗；一旦你超越了这个界限，沉溺于甜美的诗句或史诗的灵感，那么快乐和痛苦将成为你的主宰，而非规则和理性这种无上宝典。
>
> （第 10 卷，606-607；转引自 H. D. P. Lee 主编企鹅经典丛书 1974 年版，第 437 页）

或许更令人不安的是，塞内加（Seneca，1—65）在《论心灵的宁静》（On the Tranquility of the Mind）中，引用亚里士多德（Aristotle，384—322）的话“伟大的天才无不带有一丝疯狂”，他还加了一句：“无论真相如何，只有被唤醒的心灵才能产出超越他人的重大思想。”（Rheinhardt，2007：139）莱茵哈特（Rheinhardt，2007：xxii）认为《论心灵的宁静》“肯定是写于卡利古拉（Caligula）死后，公元63年之前，也恰好是这篇作品的写作对象、尼禄宫廷的高级官员塞利纳斯（Serenus）去世之时”。据莫罗和克拉克（Morro & Clark，1992：191）说，塞内加对亚里士多德的引用是错误的引用。然而，也有其他学者引用亚里士多德《论问题》（Problemata xxx. i，公元前4世纪）的特尔·伯格（Ter Borg）译本，问道：“到底是什么让那些在哲学、政治、诗歌或艺术领域成名的人都变成了忧郁的人？”请注意，哲学家和政治家在这里也被算作忧郁的受害者。莫罗和克拉克追溯考察了一些17和18世纪的作家（1992：189），关注这一时期天才和疯狂之间的联系。巴兰特斯-威代尔（Barrantes-Vidal，2004）关注的是19和20世纪这段时间，她指出，在这一时期，相关的对照实验和研究终于开始出现，而这些研究结果都表明，“这两者[疯狂和创造性]之间有着一以贯之的联系”（（Barrantes-Vidal，2004：74-75，斜体保留自原文)：

> 这两种现象有着共同的因果*特性*（*traits*），这使得它们相互关联。大量的实证研究表明，精神病喜怒无常的根源和创造性有着共同的生物特征（例如，高水平的多巴胺）、共同的认知特征

（例如，大脑组织的特点是弱抑制型掌控，这会使得精神活动更加放松或灵活），以及共同的情感特征（例如，对陌生的体验和对狂喜及浓烈热情的高度开放性）。

抱着猎奇的态度，人们似乎仍然想要在疯狂和创造性天赋之间建立某种联系，也的确有人支持这种说法。例如，《经济学人》（M. A., *The Economist*, 2016 年 2 月 17 日，参见 www. economist. com/blogs/ prospero/2016/02/art-and-mental-health）写道：

艺术家都是疯狂的天才，至少我们喜欢这么认为。他们是预言家，是不受日常事务束缚的神秘主义者，他们与神联系，向神汇报。我们把疯狂和艺术天赋如此密切地联系在一起，就连艺术品的质量，甚至售价都取决于此。精明的艺术家早就知道，蓬乱的头发和古怪的言论所带来的经济效益远超多花一年时间去学绘画。

然而，正如这篇《经济学人》的文章后来继续阐述的那样，在现实中，精神错乱不太可能增强一个人的创造力，反倒有可能对努力的结果产生不良的影响。德国作曲家罗伯特·舒曼（Robert Schumann, 1810—1856）就是一个典型的例子：

舒曼在 1853 年创作他的 D 小调小提琴协奏曲时，正处在发疯的边缘。舒曼想将该作品献给小提琴家约瑟夫·约阿希姆（Joseph Joachim），却遭到了对方的拒绝，因为对方认为这是精神错乱

> 的产物。在之后的80年里，该作品一直都没有得到发表。

虽然如此，雅嘉等人（Kyaga et al.，2013：83）发现，有研究报告说，只要不是彻底的精神疾病，轻度的精神紊乱或有助于创作的过程。轻度精神紊乱包括所谓的“神经紧张”“酗酒或吸毒”以及“轻微的精神障碍”。一些研究表明，躁郁症更多地表现在科学家身上，而不是艺术家。但是另外一些研究则发现，“躁郁症、类似精神分裂症的精神病、抑郁症、病理性焦虑、药物滥用和自杀，在创造性艺术从业者中出现得更多”（Ludwig，1992；Kyaga et al.，2013：83－84）。尽管此类有关精神障碍与创造性之间关系的研究相当了不起，但是雅嘉等人（2013：84）认为，这些研究“一直存在着研究对象群体过小、创造性评估的标准化工具缺失、未使用回溯式记录来确认诊断等局限性”。在雅嘉等人的研究中，他们把作家和其他创造性艺术家进行了区分，因为之前有研究（Andreasen，1987；Jamison，1989；Post，1996）发现，在作家群体中存在着精神病发病率高的现象（Kyaga et al.，2013：84）。而把作家单独区分出来进行研究的做法，无疑对本书非常有用，因为本书主要讨论的就是翻译式写作（translated writing）中的创造性。

12 安德瑞森（Andreasen）对爱荷华州作家讲习班的30名成员和30名对照组成员进行研究，发现精神分裂症的发生率为零，但大多数作家都曾接受过躁郁症或抑郁症的治疗（Andreasen，2005：94－95）。这些疾病往往是“间歇性的，特征是相对短暂的情绪低落或情绪高涨，持续数周或数月，其间穿插有长时间的正常情绪”。与之前谈到的舒曼的案例类似，安德瑞森报告称，她的研究对象一致表明，“他们无论是在抑郁或躁狂的时候，都无法发挥创造性”（Andreasen，2005：96）。

雅嘉等人（Kyaga et al.，2013）调查的人群数量明显大于安德瑞森研究的人数，前者的研究结果部分支持后者的观点，部分与其相冲突。与安德瑞森研究的作家群体一样，雅嘉团队所研究的受试者，出现精神障碍的频率要高于对照组。但是安德瑞森的研究对象中没有发现精神分裂症，而这却是雅嘉团队受试者中出现的精神障碍之一。这也可能只是个巧合，可能在安德瑞森研究的爱荷华作家讲习班的作家中，恰好没有人患精神分裂症。相反地，雅嘉团队在研究之初，确认的研究对象就是瑞典曾患有精神分裂症、躁郁症、抑郁症、焦虑症、情感分裂性障碍症、酒精依赖症、药物依赖症、自闭症、厌食症的人群，或是在1973年到2009年间自杀身亡的人，以及他们于1932年之后出生在瑞典和1960年之后生活在瑞典的亲属。这些人包括（Kyaga et al.，2013：86）：

> 65589名精神分裂症患者（35819名男性和29770名女性）、14905名分裂情感性障碍症患者（6145名男性和8760名女性）、68915名极端性格障碍症患者（27199名男性和41716名女性），以及438372名单相抑郁症患者（170781名男性和267591名女性）。此外，还有212758名诊断出焦虑症的患者（84087名男性和128671名女性）、340784名酗酒或酒精依赖者（246905名男性和93879名女性）、136490名滥用药物或药

> 物依赖者（80303 名男性和 56187 名女性）、11802 名自闭症患者（8281 名男性和 3521 名女性）、48024 名多动症患者（32973 名男性和 15051 名女性）、16826 名神经性厌食症患者（2384 名男性和 14442 名女性），以及 73766 名死于自杀的人（52516 名男性和 21250 名女性）。

雅嘉等人（Kyaga et al.，2013：86）发现，专业作家"患精神分裂症和躁郁症的概率是对照组的两倍多。作家也更易被诊断出单相抑郁症、焦虑症、酗酒、滥用药物和自杀倾向"。正如他们指出的，这可能为克劳（Crow，2008）的一个论点提供了支撑，即精神病与语言的进化有关；这也证实了路德维希（Ludwig，1995）的发现，即诗人的自杀率异常的高（Kyaga et al.，2013：88）。至于为什么作家会有这种高度精神不安的倾向，雅嘉等人认为，任何表面的因果关系或许都是由其他的中间因素促成的，因为：

13 严重的精神障碍患者通常很难找到并维持一份工作。对于这些人而言，解决该问题的办法之一就是谋求自营职业，例如，从事艺术。这些艺术职业可能是社会漂移（social drift）的结果，而不是因为从业者的创造性倾向。

（Kyaga et al.，2013：89）

换言之，患有精神疾病的人本身可能并不倾向于从事艺术行业，但是艺术行业却比其他行业更易接纳精神疾病患者。精神疾病患者群体和艺术家群体所呈现出的精神特征、生物学特质、认知和情感特征可能是相同的（这并不意味着所有的艺术家都必须患有精神疾病），这与巴兰特斯-威代尔的主张并不矛盾（Barrantes-Vidal，2004：74-75；参见上文），也与创造性和精神不稳定之间可能存在某种联系并不矛盾。安德瑞森（Andreasen， 2005：101-103）指出，富于创造性的人身上往往有一些容易使他们患上精神疾病的个性特征，“包括愿意体验新事物、能忍受模棱两可的状态、不太会对生活和世界持一种先入为主的态度”（2005：101）。这些特质对创造性而言很重要，因为它们能让人“看见”世界，并以新的方式对世界做出反应。但是，与那些更固守成规的人相比，拥有此类特质的人，心态往往不那么稳定。就像安德瑞森（Andreasen，2005：101）所说的那样，“人有时可能会陷入抑郁、狂躁或精神分裂的深渊”。这有力地表明了，从事创造性行业并不会使人失去理智进而患上精神疾病，精神疾病也并不是成为一名创造性艺术家的先决条件；相反，创造性活动和创造性行业可能对精神脆弱的从业者更为接纳、更宽容和更友好，甚至可能扼制这种脆弱气质的发展，进而让它不至于影响一个人的生存机会和职业前景。

无论如何，近年来许多关于创造性的研究都倾向于不去探究它与精神疾病之间的联系，而是关注人类的创造性会带来怎样的益处。其中的悖论是，根据雷恩的说法，这种对创造性的赞美，意味着该概念“已经变成了一种缺乏创造性的、苍白的自我模仿”（Rehn，2011：16）。他认为，这一点很危险。雷恩希望在创造性的相关讨论中，重新去关注他认为本就应该关注的危险因素，他的书起始部分取名为“一句警言”，紧接着的引言部分使用的副标题是“挑衅并用危险的方式思考”。雷恩并没有就与创造性相关的危险思想发出警告，相反，他提倡这种思想。纯数码技术公司（Pure Digital Technologies）提出了一个想法，即开发低质量摄像机来参与市场竞争，因为他们负担不起开发高质量摄像机的费用。雷恩称赞这一想法为“天才的想法，因为这是一个***真正危险的想法***，而这种想法的时代已经来临”（Rehn，2011：10，斜体、黑体保留自原文）。在雷恩看来，“创造性常常带点危险性和威胁性，这种感觉会直逼到你的面前”，而且他的书就是要“***教你学会危险思维***”（2011：11，斜体、黑体保留白原文）。当然，雷恩这里的做法默认的是，个人作为思
14 考者，能够驾驭自己的想法而不是反过来被想法逼得精神错乱。在这一点上，他跟康德的意见一致。康德也认为“再有灵感的创造性艺术家，在生产一件艺术品的时候，也要受制于判断力和批判性”（Crawford，1982/2003：167）。想象力是创造性的，它会在批评和判断创造性活动及其产品时调动人的智力。因此，同亚里士多德、柏拉图和塞内加一样，康德认为，想象力对人类的理性造成了威胁。

在下面的一节，我将用后人关于创造性的主张来检验康德的观点。

4 康德关于创造性的观点是否依然具有时效性？

在本节，我根据当代学者们对创造性的理解来考察上述康德关

于创造性的十个观点。

创造性是不是单一的一件事情？

在索耶看来（Sawyer，2006/2012：90），“认知心理学有一个共识，那就是认为创造性不是一个孤立的、单一的思维过程”。的确，如果创造性是单一的一件事情，那么要明确它到底是什么事情将会相当困难。博登（Boden，2004：1；斜体保留自原文，黑体为我所加）认为“创造性是一种**能力**，可以生产出*新颖*、*惊艳*、*有价值*的观念和艺术品”。在罗宾逊（Robinson，2011：2-3）看来，创造性“是一个**过程**，能够开发出重要的原创性观点”。而高特（Gaut，2014：272）认为，创造性是一种**禀赋**，进而认为这种禀赋也是一种能力，同时包含了可以将能力转化为行为的动机（参见下文高特对如何通过教育提升能力和动机的讨论）。在基兰（Kieran，2014：128）看来，创造性是“**一项美德**，而不仅仅只是一项技术或能力”。以上四种对创造性的看法迥然不同，而基兰的观点在前两种和后两种观点之间划开了界限。他的观点很重要，原因在于他对创造性的理解多了一层最根本的认识，同时也是更深一层的认识，这种认识正是本书里所要讨论的（Kieran，2014：128）：

> 人们对创造性最根本的认识总是关乎创作者对新颖又重要的艺术品的产出。然而，对创造性的深入认识则离不开创作者熟练的手艺、控制，以及从感性到理性的过程，因为创作者是靠着这些才能知道自己要做什么。正是对创造性的这种认识，引来

> 了人们对创作者的某种赞叹，赞叹他们用各种对的方式把想象中的观念和艺术品带进了现实。

基兰（Kieran，2014：128-129）在论证创造性是一项品德特征时引用的研究表明，外在动机往往不如内在动机带来的结果令人满意。也就是说，如果一个人做某件事纯粹是为了获得奖励或满足既定的标准，那么他们表现得很可能不如那些为了事情本身而做事的人表现得好。这种对待事物的态度与一个人所持的美学态度密切相关（Scruton，1974/1988：ch 10），关于这一点我会在本书的第三章予以讨论。

基兰提到的创造性并不是最基础的范例式的创造性，他说，创造性需要卓越的动机（Kieran，2014：135）。这是一种美德，因为它更需要的是勇气、对完美的追求、耐心和经常“面对公众蔑视的毅力”（2014：136），而不是那些外在的驱动。他举荷兰后印象派画家文森特·凡高（Vincent Van Gogh，1853—1890）为例来说明这种卓越的动机。凡高始终忠于他的目标，致力于“用新的方式实现艺术的内在价值，而不是照搬他已经厌倦了的同时代学院派画家的做法”，尽管他“有生之年只卖出了一幅画作，还是卖给了他的弟弟西奥（Theo），而且他为了创作自己的艺术，一直过着贫困潦倒的生活”（2014：132）。

用福多尔（Fodor，1983：37）的话说，创造性也可以被看作一个认知（心理）模块。在福多尔（1935—2017）看来，模块化的认知系统是“领域特定的、天生就有的、固定的、自主的，而不是后天组合的”。如果把领域特定性纳入创造性的特征列表，那么人们会禁不住质疑艺术是否是创造性的唯一产物（这一点恐怕大部分关注该课题的作者不会认同——参见下文的第八个问题——尽管这当然还得取决于人们如何定义和理解艺术）。不过我们可以利用福多尔提出的其他三个特征来探索创造性的身份问题，或者创造性作为某种心理能力的问题。这里需要指出的是，即使一种心理能力是与生俱来的，它也不需要在每个人身上都同样突出或同样高度发达。毕竟，演说家特别有演说天赋，可我们也很难否认语言能力是所有人与生俱来的这一事实。

许多当代学者并不认为创造性是单一的一件事情。例如，根据国家创意与文化教育咨询委员会（NACCCE，1999：41）的观点：

> *最好不要把创造性理解为一种你要么拥有要么不拥有的单一能力，它是多维的*：创造的过程涉及包括技能和个性特征在内的许多不同的心智功能的结合。这些功能会利用我们熟悉的心理活动来实现特殊的目的，会更有效地利用我们的普通能力，这些能力并不是“完全陌生的东西”。
>
> （转引自 Boden，1990/2004：259，斜体保留自原文）

类似地，肖特霍斯和梅克罗夫特（Shorthose & Maycroft，2017：ix）认为，“我们称之为创造性的事情其实是许多事情，有时是我们体验到的灵光一闪，有时却来自一个漫长而持久的过程，需要经历艰苦的工作和枯燥的细节”。

创造性是不是一项特殊才能或天赋?

许多研究创造性的当代学者都不认为创造性是一项特殊的才能、天赋或特质。在博登（Boden，1990/2004：1－2）看来，创造性：

> 16 不是一种特殊能力，而是人类智力的一个普遍方面。换言之，创造性是建立在普通能力基础之上的，如概念思维、直觉、记忆和自我反思批评。因此，创造性并不局限于少数精英，我们每个人在一定程度上都拥有创造性。

的确，博登整本书里都贯穿着这一观点。如“创造性主要来自我们的普通能力：观察、记忆、看、说、听、理解语言、懂得比喻。所有这些人皆有之的能力都很重要”。博登还认为（Boden，1990/2004：271-272）：

> “创造性天才”的浪漫神话……常常……不知不觉地起着破坏作用。它能让那些相信自己是天选之才的少数人增加自信（或许就是这种信念让贝多芬能够直面他人生的许多困境），但却会让那些认为自己天赋平平的人丧失自信。如果一个人认为创造性是稀有的特殊才能，那么他就不可能真正相信通过坚持和学习就能加入创造性精英的行列。他只会认为，一个人要么天生就是创造性精英的一员，要么永远也不是。

许多研究创造性的学者都同意这一观点。罗宾逊（Robinson，2011：3）宣称，“每个人都有着巨大的创造性潜力。问题是怎样开发它们”。然而，博登也指出（Boden，1990/2003：275）：

> 先天因素可以帮助某些个体发展出［创造性］所需的认知体系。缺了这些因素，有些体系甚至可能无法发挥作用。如果是这样的话，那么再多的教育和投入都不足以造就一个莫扎特（Mozart）。

她继续写道：“就算我们默认这些先天因素是存在的，也没有人知道它们究竟是什么”，“但是不管它们是什么，它们也一定不是超自然的”。这一点对于我们的读者而言或许很明显，但是创造性的确曾被看作是超自然的，比如我们前面提到的《天鹅》的作者希尔玛·阿夫·克林特，她就认为自己的绘画才能及其发挥都是超自然力量带来的；再比如鲁德亚德·吉卜林（Rudyard Kipling）（Kipling 1937：208），他暗示创作中有他自己和亚里士多德的守护神形象。例如，吉卜林（Kipling 1937：210）宣称，“在《丛林奇谈》（*Jungle Books*）、《金氏》（*Kim*）、两部帕克（Puck）系列的书中都有我的守护神的影子，我每走一步都小心翼翼，生怕惊动了他”。如上文所述，在近来的研究中，学者们已经开始致力于确认创造性人群的常见特征，如多巴胺水平高，对精神活动的弱抑制型掌控，以及喜欢体验“狂喜及浓烈的热情”（Barrantes-Vidal，2004：75）。

安德瑞森（Andreasen，2005：63，159-160）对研究对象所做的区分是有益的，可以帮助我们回答创造性是不是一项特殊天赋或才能这一问题。一方面，她认为存在一种能力，她称之为普通的创造性（ordinary creativity），这种能力每个人都拥有且会使用，譬如说话
17 的能力，我们说出的许多话语都是新的。再例如，你此刻正在读的我所写的这段话，我此前从未有过一模一样的表达。另一方面，正如许多艺术家还有安德瑞森（Andreasen，2005：76-77）援引的数学家亨利·庞加莱（Henri Poincaré，1854—1921）所证明的那样，世界上还存在一种非凡的创造性（extraordinary creativity）。例如，安德瑞森引述内尔·西蒙（Neil Simon）的表述：“我陷入了一种不真实的状态。我并不是在有意识地写作而是感觉好像缪斯正握着我的手在写”。据说，庞加莱（1902/1905）是如此这般描述咖啡引发的不眠之夜的：

> 想法全都涌了出来。我感觉到它们在碰撞、连接，就好像这些想法自己形成了一个稳定的组合。到第二天早上的时候，我已证明了一类傅氏函数（Fuchian functions）的存在，它们来自超几何级数。我只需要再花几个小时把结果写出来。

安德瑞森总结说，“非凡的创造性运作时，其神经过程与普通的创造性有着本质上的区别，至少有时如此”（2005：77）。在这一点上，她与库克（Cook，2011）的观点一致，后者曾表达过一个愿望，希望人们承认存在非凡的创造性这种事。在一篇名为《捍卫天

才》（In Defence of Genius）的文章中，库克提到了一个流行的说法，根据这个说法，“人们近来对所谓的天才给予了太多的关注”，而且该说法认为“将非凡的创造性和普通的创造性加以区分是无益的”（Cook，2011：290）。库克不同意这类观点，他列举了许多经常被用来反驳非凡的创造性的言论，并且证明了这些言论均不合逻辑。下面是他罗列的此类言论（2011：291）：

1. 天才论把创造性分了等级，因此它是不民主的。

2. 信仰天才的通常都是右翼作家，所以这是一种右翼信仰。

3. 大多数被视为天才的都是白人，是特权阶层。因此，对天才的信仰是一种性别歧视、种族歧视和阶级歧视。

4. 用“天才”一词指代杰出人物是从18世纪后期才开始的，所以它是一种社会历史意义上的认知，并不代表普遍的人类现象。

5. 所有的人类活动都具有创造性，所以不存在什么非凡的创造性。

6. “天才”一词的用法有时过于夸张（比如在啤酒中加入栗子作调味的情况，我们在之前与特罗特先生相关的内容中谈到过），因此不能把这个词看得太认真。

7. 天才不可能是一种个人特质，因为许多公认的天才都是与人合作的。

最后三条言论的不合逻辑之处尤为显著，一目了然地摆在那里。库克还指出，尽管每一条说法都看似有着正当的前提，但却无法据此就得出天才不存在的结论。他自己关于此事的论断在于，人类的生活可以因为那些具有非凡创造性的人而变得丰富多彩，他们非凡的创造性为日复一日的社会生活提供了“一种美与理的平衡，如果在
18 逻辑歪曲且谬误昭然的平等主义论点的影响下，人们失去了这种体验，同时也剥夺了他人的这种体验，那真是个损失”（Cook，2011：301）。

创造性是不是一项个人特质？

许多研究创造性的当代学者都将创造性视为一个人际合作与团队合作的过程。事实上，布兰特和依格曼（Brandt & Eagleman，2017：30）甚至把创造性定义为“一个天然的社会行为”。这些研究者们坚持认为，尽管艺术家都是独自进行创作，但他们也需要同行评议。这一说法得到了西卡森特米哈伊（Csikszentmihalyi，1996/2013：28）的支持，后者将一个富于创造性的人定义为这样一种人，“他们的思想或行为会改变一个领域，或建立一个新的领域”，但又补充说“一个领域的改变不可能不经过其所属的更广泛的领域或明或暗的许可”。个人创作的情形显然存在，这时，引入受众对创造性的影响，可以帮助证明创造性也是一种合作行为。勃兰特和依格曼（Brandt & Eagleman，2017：117）认为，如果未能把一个成功的想法调节得与时俱进，就会在某种程度上削弱这个想法的创造性；反过来，如果你“走得太远”，也就是如果一个想法太不寻常，那也会

“曲高和寡”。然而，还是不能把创造性与受欢迎程度或商业成功混为一谈。如果创造性靠的是被赞美，那么这意味着一个人可能终其一生都没有创造性（如果没人认识到的话），然而死后却有创造性了（因为人们认识到了）。这种对于创造性的理解，认为创造性就像爱一样，是一个人赋予另一个人的。然而，这本书中谈论的创造性，是每个人或多或少都会拥有的特质，至于拥有的多还是少，则可能取决于个人学习、培训和实践的综合影响，但创造性总是存在于这个人，或者说每个人的头脑当中。在这一点上，我与安德瑞森（Andreasen，2005：xiii）的观点是一致的。她把她的书献给“所有那些在过去被遗失的天才”，他们因为“种族主义、偏见、贫穷、战争、缺乏教育以及许多其他因素”的阻碍，未能发挥出他们身上潜在的创造性。

不过当然了，“灵感一开始可能来自个人的创造性……，但这些灵感也不是在文化真空中产生的”（Robinson，2011：197），而且“在过去的 15 年中，很多机构都把创造性看作一种集体共同实现的价值，而不是出自某一个人的努力”。这当然是鼓舞团队士气的好办法，会让大家都觉得参与了协作从而为集体的利益做出了贡献。尽管如此，我们还是会禁不住觉得里德比特（Leadbeater）的下述言论可能低估了人类进步过程中那些拥有卓绝创造性的个人所做的贡献（Leadbeater，2008：7）：

> 创造性一向都是一种高度协作、累积性和社会性的活动，在这项活动中，拥有着不同技能、观点和洞察力的人们，互相分享

> 观点、共同发掘创意。从根本上讲，创造性通常都是集体性的，它并非某一孤立的个人灵光乍现的产物。

19 里德比特（Leadbeater，2008：5）预测，如果我们回看21世纪的第一个十年，那将会是这样的：

> 这是一个社会创造性无与伦比的时代，我们努力寻求新的、大规模的合作方式，力求更民主、更有创造性和创新性。只要我们能设法在工作中共同发挥创造性，那么这张协作之网就能把我们的智慧联合起来并予以放大。

他列举了几个包括维基百科在内的大规模协作例证，来证明“如果许多拥有不同信息、技能和观点的独立个体以对的方式一起工作，就会摒弃传统机构的工作模式，转而以一种前所未有的规模化方式来一起进行发现、分析、协调、创造以及革新”。

这种观点认为创造性是公共的，而事实却是，艺术家们在创作过程中的不同阶段都是独立工作的。因此，创造性的研究者们调和上述观点和事实的方法，通常是把艺术家们展现出的创作过程放进时间的长河中进行考量，这样便会发现人类所共通的东西。例如，根据布兰特和依格曼（Brandt & Eagleman，2017：47）的研究，“弯曲、断裂和混合是所有创意发展进化的主要方式”。

弯曲“是对现有原型的改造。通过改变尺寸、形状、材料、速度、先后次序等，来打开一个可能性的源泉”（Brandt & Eagleman，

2017：73）。这种做法可以使用相同的原型，例如克劳德·莫奈（Claude Monet）画的鲁昂大教堂（Rouen Cathedral）、葛饰北斋（Katsushika Hokusai）画的富士山（Mount Fuji），对其进行一系列不同的再现。布兰德和依格曼（Brandt & Eagleman，2017：56–57）论述了在人类历史上，人们是如何通过使用这一技巧来展现同一事物的不同形态的，包括人类的形态和动物的形态。他们认为，人们对创造不同事物的理解，其实都归结为一个相同的理念，即操纵它们的形态。例如，制造无泵恒流心脏、防眩光挡风玻璃和软机器人，都只关乎形态的操纵（Brandt & Eagleman，2017：57–63）。

断裂指的是将一个整体打成碎片，然后再组装成新的成品（Brandt & Eagleman，2017：74）。帕布鲁·毕加索（Pablo Picasso，1881—1973）的名画《格尔尼卡》（Guernica）和卡明斯（e. e. Cummings，1894—1962）的许多诗歌都是这样的。例如，卡明斯在他的诗歌《是的，乡村景色怡人》（yes is a pleasant country，1944）中，打破了诗歌的常规，使用了一些奇怪的选词和搭配。虽然用这些选词和搭配组合出来的诗也遵循传统诗歌的特点，每个诗节的最后一行与其他诗节的最后一行押韵，第二、三、四行组成的三行诗制造出一个近似的节律。但是，从所指的内容和过程来看，诗中的选词都是不常见的，而且把一个缩写形式“we're”放在“where”后面来结束一行诗，事实上是结束一整首诗，这也是不常见的。

yes is a pleasant country：
if's wintry

(my lovely)
let's open the year

both is the very weather
(not either)
my treasure,
when violets appear

love is a deeper season
than reason;
my sweet one
(and april's where we're)

是的，乡村景色怡人：
如遇寒冬
（亲爱的人）
这一年便由冬而始

季节与景色
（并非其一）
我的宝贝，
紫罗兰翩然而至

爱情的玄意
深过道理；

我的爱人
（已是人间四月时）

再例如，在科学领域，弗雷德里克·桑格（Frederick Sanger）率先利用断裂技术制造出了更小的胰岛素分子碎片，然后是DNA碎片，对分子氨基酸和DNA基因进行了排序（Brand & Eagleman，2017：78-79）。

混合，指的是“大脑将两个或两个以上的事物以新的方式结合起来”，就像是希腊神话中的弥诺陶洛斯（Minotaur）是牛头和人身的组合，还有飞马、珀加索斯（Pegasus）；或者非洲的美人鱼，既是女人又是鱼；再或者埃及的狮身人面像（sphinx），混合了人的面孔和狮子的身体；还有因纽特的海豹人（silkies），是人和海豹的结合体。混合在语言当中也十分常见，一方面体现在复合词上，例如“早午餐”（brunch）代表晚一些的早餐或早一些的午餐，另一方面在隐喻中也表现得尤为突出（Brandt & Eagleman，2017：96）。事实上，在语言接触的情况下，整个语言或者其中的一部分（例如，与贸易和管理相关的部分）会混合成克里奥尔语（Creoles）。此外，混合也是某些翻译软件的关键所在（Brandt & Eagleman，2017：99）：

当你在谷歌翻译中输入一段话时，计算机不会试图理解你的意思。相反，它会将你所写的内容与一个庞大的数据库进行比对，这个数据库中有大量现成的人工译文和检索结果，然后计算机会逐字查找最接近的匹配。因此，该软件不需要词典，翻

> 译变成了一个统计学问题。

特纳（Turner，2014）也曾探索过混合的概念，他认为，主要是我们的潜意识有一种“高级能力，可以*混合*各种想法，再创造出*新的*想法”，他把这称作“人类的火花”（Turner， 2014：2–3，斜体保留自原文）。

总而言之，对于创造性是个人行为还是集体合作这一问题，最佳答案或许当属肖特霍斯和梅克罗夫特的观点。在他们看来（Shorthose & Maycroft，2017：ix），创造性有时“是个体创造性思维的结果，而有时则是团队合作的产物”。

创造性是不是艺术家的特质？

根据博登（Boden，1990/2004：1；斜体保留自原文）的观点：

> 21 创造性是一种能力，可以生产出*新颖*、*惊艳*、*有价值的*观念和艺术品。这里的“观念”包括概念、诗歌、音乐创作、科学理论、烹饪食谱、舞蹈编排、笑话等等。艺术品包括绘画、雕塑、蒸汽机、吸尘器、陶器、手工折纸、六孔哨笛——还有许多其他你能想到的东西。

博登的这一定义与康德的定义颇为接近，只不过博登的创造性产品列表更加开放。显而易见，我们在扩展创造性事物范围的同时，可以说也扩展了可被视为创造性个体的人的范围。不仅是我们通常以为的艺术家才具有创造性，任何能够想出新点子和制造出新艺术品的人都有创造性。这就几乎囊括了每一个人。事实上，博登（Boden，1990/2004：271-272）觉得：

> “创造性天才”的浪漫神话……常常……不知不觉地起着破坏作用。它能让那些相信自己是天选之才的少数人增加自信（或许就是这种信念让贝多芬能够直面他人生的许多困境），但却会让那些认为自己天赋平平的人丧失自信。如果一个人认为创造性是稀有的特殊才能，那么他就不可能真正相信通过坚持和学习就能加入创造性精英的行列。他只会认为，一个人要么天生就是创造性精英的一员，要么永远也不是。

这种善意的情绪也许没有错，但是这个论点恐怕不足以用来反对创造性天才的存在，这就跟用海啸会造成的危害来证明创造性天才不存在的道理是一样的。如上面第二个问题中提到过的，博登（Boden，1990/2004：276）也表明了：

> 先天因素可以帮助某些个体发展出（创造性）所需的认知体系。缺了这些因素，有些体系甚至可能无法发挥作用。如果是这样的话，那么再多的教育和投入都不足以造就一个莫扎特。

在我看来，用某些能力来区分像莫扎特这样的人和像我这样的人是很重要的。我识谱，也会演奏乐器，但不会作曲，而且演奏水平连儿童时期的莫扎特都赶不上。我会做饭，但远不如星级大厨们做得好，而且我不擅长开发新食谱。许多人都会做衣服，但很少有人能设计出新的时装。肖特霍斯和梅克罗夫特（Shorthose & Maycroft，2017：xi）说，“众所周知，我们天生会为爱的人做饭、会逗孩子笑、会为不同的场合选出得体的衣服，这些能力都是出于技能和洞察，而这些行为都具有高度的创造性”。这种说法善良且民主。但是，我们在解释，甚至哪怕仅仅是在讨论莫扎特、著名厨师和著名设计师到底比我们所拥有的能力或水平多出了（或者有时不是多了，而是换了）哪些能力时，我们仍旧一片茫然。

22 无论如何，就像雷恩（Rehn，2011：160）所指出的那样，并不是人人都需要富有创造性，但是，如果要回答创造性是不是我们称之为艺术家的人身上才具有的特质这一问题，答案很显然关乎创造性的定义方式。在这一点上，博登对历史创造性和心理创造性所做的区分很有帮助（Boden，1990/2004：2；参照下文关于个体创造性和历史创造性区分的讨论）。心理创造性是个体的，即某一特定的个人，产生出一个或一组新的或是以创造性的方式衍生出来想法，尽管其他人也可能有着相同或类似的想法。相比之下，历史创造性指的是一个人在现有的人类历史背景之下，有了一个新的创造性想法，或是以一种新的、原创的方式对前人的想法进行了整合，而在此之前，没有人有过这种想法，或者以这种方式整合过前人的想法。创造性的这种区分是否可以从原则上予以验证，这对于该区分本身而言并不重要。然而，在艺术的语境下，以及就本书关心的内容而言，该区分提出的问题却非常重要，因为，我在本书中想要论证的是：翻译是一种艺术形式，也就是说，无论一个人是否拥有历史创造性，这个人其实都不会比拥有心理创造性而*非*历史创造性的人更具创造性。只是说，如果许多人都已经想到了或做过了你现在正在做或者第一次想到的事情，至少你不太可能在你的领域比那个拥有历史创造性的人产生更大的影响。而这一点可以有力地帮助论证为什么教育可以促进一个人的创造性。因为，除非你通过学习去了解你的领域，否则根本无法知道自己是否拥有历史创造性。毫无疑问，每个人都有安德瑞森（Andreasen，2005：3）所言的“创造性的火花”。同样毫无疑问的是，对于大多数人而言，这个火花需要而且要能够被滋养成一束火苗。但是，这并不是说每个人的火苗都可以燃烧得同样明亮，或者无论努力的方向如何，火苗都不会熄灭。在这种情况下，安德瑞森用充满诗意的语言表达了如下这段很有道理的话（Andreasen，2005：2-3）：

> 有的……古人拥有创造性的天赋——一种可以看到别人看不到的新事物的能力。有人捡起一块石头，看到的是一个工具……有人想办法用石头聚光或擦出火花用于烹饪。有人发明出圆形的轮子来搬运重物。这些早前拥有创造性的人们，一定都是讲故事的高手，而那时书面语言还远未产生……有的人就是艺术家，正如公元前17000年法国多尔多伊格内的拉斯科洞窟（Cave of Lascaux）所证明的那样。……这些艺术家们……想办法用泥土或火烧木炭当作颜料……创作出了一千多种姿态各异的动物画像。还有人追索太阳的运动，想到用摆放巨石的方式来纪念夏至，从而创造出了拥有五千年历史的天文和宗教纪念碑——

> 巨石阵。我们的祖先还会预测日食和月食的时间，而这需要非常精准的数学和天文计算。

23 这段话马上提醒我们想到，创造性其实可以在许多活动中得到发挥。这段话还表明，并不是每个史前社会的成员都擅长所有的事情，厨师和天文学家很可能不是同一个人，而且，有些人可能很乐意为巨石阵搬石头，但却并不想操心应该怎么摆放它们。

原创性是不是创造性的前提？

根据国家创造性和文化教育咨询委员会（NACCCE，1999：29，转引自 Elton-Chalcraft， 2015：4）的观点，创造性的确涉及原创性，它既是个人的（与自己以前的工作有关）、相对的（相比对照组），又是历史的（独一无二的原创）。对于这一点，大多数创造性的研究者都会同意。然而，创造性与原创性之间的关系并不是一个简单的关系，原创性本身也不是一个简单的概念。纳内（Nanay，2014：33）认为，“创造性和原创性是两个截然不同的概念，创造性是我们思维过程的一个特征，而原创性则是我们的思维过程创造出的产品的特征”。他认为，原创性要求一个人对自己想要发挥创造性的领域，或仅仅是工作所涉及的部分及其背后的整个领域都要完全了解，因为这意味着对该领域的现有观念和事物都有所掌握。所以他认为，一个新的想法首先要具有原创性，然后就会被看作具有创造性。很显然，如果我们需要完全了解整个领域，就必须开始思考知识传授的问题，从而会想到教与学和创造性的关系，这一点在深入分析过原创性和创造性的关系之后，会在下面的内容中进行讨论。然而，有一点需要指出的是，纳内的兴趣在于原创性，而且他认为创造性对于原创性并不是最重要的。而相反地，我们在这里提出的问题是，原创性是不是创造性的前提？

雷恩（Rehn，2011：12）给创造性打上的标签是“危险思维”，认为创造性是一个“从模仿到危险思维”的五步骤的最后一步。这五步分别是“模仿”“拓展”“挑衅”“重新评估”，最后是“危险思维”。在把创造性和模仿分开这一点上，雷恩（Rehn，2011：13）与康德是一样的。根据雷恩的观点，模仿的问题在于，包括创造性研究学者在内的人们，在模仿时都意识不到自己是在模仿：“谈论创造性的书籍所写的往往都是历史与前人的成果，听的人只是坐在那里听。而与此同时，真正的创新者们早就已经出发去探索陌生又全新的途径了。”显然，危险思维是具有原创性的，因为它不仅仅是对前人工作的拓展，而且是“对现有思维的激烈挑衅”（Rehn，2011：14），这也会让你开始“*重新评估*你已经习以为常的工作环境中的许多因素”（Rehn，2011：15，斜体保留自原文）。但是，雷恩（Rehn，2011：137）指出，“所有的创造性的核心都存在某种形式的复制，有些创造性的做法，会通过组合与复制方式来创造出世界上前所未有的新事物”。雷恩的观点是，“如果我们能够把复制做得更好，那么创造性的其他方面也会表现得更好”。如果我们从衍生的意义上来思考翻译行为，那么很明显，雷恩这一富于洞察力的观点将非常有助 24
于分析翻译案例。关于这一点我会在第二章再论及。

创造性是否可以传授？

康德认为原创性无法传授。一般来说，他的这一看法并不受当代创造性研究学者们的青睐。从上文我们看到，纳内（Nanay，2014：33）强烈主张一个人应该非常了解自己想要发挥创造性的领域，或者对哪怕只是所从事的领域也要非常了解，因为，要想保证自己的贡献是原创的，就必须先了解领域中现存的观念和事物。与此类似，里德比特（Leadbeater，2008：112）认为，“创造性来自多样性以及与不同观点和体验的接触”，就像一个人在教育中会经历的那样。

高特（Gaut，2014：266）确立了两个论点，并对其进行了简明扼要的公式化表达，用以反驳创造性不可传授的说法。首先，他把第一个论点称为“模仿说”，该论点来自康德，并将其解析如下：

1. 所有的学习都是某种形式的模仿。

2. 对某人或某物的模仿与创造性是不兼容的。

3. 所以一个人无法通过学习而变得有创造性。

他把第二个论点称为“规则说”：

1. 所有的学习行为都关乎对规则的遵守。

2. 遵守规则与创造性是不兼容的。

3. 所以一个人无法通过学习而变得有创造性。

高特指出（Gaut，2014：268），这两组论点都未能在学习的方法和学习的内容之间做出区别。即使模仿和遵守规则本身都并非创造性的表现，但是创造性或许依然能够按照这两种方法中的任意一种得以传授。说到这一点，我们可以想一想从前，有趣的是，那时候人们训练作家、演说家和视觉艺术家的一个方法，就是让他们去模仿大师［参见朗基努斯（Longinus）《论崇高》（On the Sublime）］。就算创造性“‘只关乎打破规则’和‘发现新事物’”（Gompertz，2015：190，转引自 Damien Hirst），一个人也显然无法打破自己都不知道的规则，无法摒弃一个自己都不熟悉的传统，也无法反抗一个自己都不知道是谁提出的主张，除非是巧合碰上了。根据高特（Gaut，2014：273）的观点，这样的巧合不能被认为是有创造性的，因为“一个人在发挥创造性的时候必须是有意的”。这一见解至少给认为创造性完全是在艺术家头脑中自发产生的观念投下了一丝质疑的阴影（参见上文）。

无论如何，模仿那些高手们的做法或者听从他们的教导，包括学着去掌握某一特定艺术形式的基本技能，这些都是大有好处的。根据冈珀茨（Gompertz，2015：193）的研究，艺术专业的学生“被教 25
会了怎么制作艺术品和怎么表演”。此外，高特（Gaut，2014：273）指出，并不是所有的学习都是模仿：“一个孩子发现摸热炉子手会疼，所以他（最好）不是通过模仿母亲来进行学习的”；而学习中即使涉及模仿，也并不意味着模仿就仅仅是复制，模仿也可以有创造性：“为了讽刺目的而模仿政治家的喜剧演员是在模仿他，但也可以有创造性，因为他是有选择地去展示和夸大模仿对象的人物特征。”（2014：269）

在上文的内容中论述过高特（Gaut，2014：272）的观点：如果创造性也属于一种将能力转化为行为的动机，那么“传授创造性……就是既要传授动机又要传授能力”。教一个人学会把创造性当成动机并不难，因为整个社会普遍都高度重视创造性，而人们喜欢让自己的努力得到掌声。反过来，能力的磨炼则涉及教育别人要做什么："为了提高创造性而进行的教学就是在进行创造性教育"（Gaut，2014：276）。罗宾逊（Robinson， 2011：269-270）认为，教师可以通过三种教学方法来提高创造性，即鼓励、识别和培养。鼓励很重要，因为许多人不相信自己也可以有创造性，因此需要鼓励他们去冒险尝试一项新任务，并且在开头困难时坚持下去；识别是帮助人们发现自己的创造性特长是什么；培养则包括鼓励实验、鼓励生成思想以及表达个人的想法和感受，促进人们"对观点进行批判性评价"（Robinson，2011：270）。安德瑞森（Andreasen，2005：160-178）也提出了许多成年人和儿童可以用来提高创造性的练习方法。成年人的练习包括学习一件新事物、练习沉思、观察并描述、进行想象；儿童的练习则包括关掉电视机（就当今而言，恐怕是要关掉所有的电子设备）、一起做互动阅读，确保儿童有各种各样不同的体验，向儿童提问并回答儿童的提问，带他们到大自然中去，培养他们对音乐的兴趣。当然，这些都无法把一个人变为创造性天才，所以在这一点上，我们还是应该思考普通的创造性和非凡的创造性之间的区别。

创造性是否有规则可循？

高特（Gaut，2014）坚持认为，如果创造性（在某种程度上）可以传授，那或许也要遵循一定的规则和指导，这样才能教会人们什么是创造性，或者怎样变得有创造性。例如，索耶（Sawyer，2012：

88-90）列了一个提纲，他称之为“一个综合化的框架，描述了心理学家们提出的各种模型的关键阶段”，并且认为这也是创造性过程的各个阶段：

1. 找出问题并将其公式化；
2. 获取与问题相关的知识；
3. 大范围收集相关信息； 26
4. 沉淀一段时间进行酝酿；
5. 产出大量不同的观点；
6. 用各种意想不到的方式把观点组合起来；
7. 运用一定的标准选出最佳观点；
8. 借助各种材料和呈现方式将观点外化。

我们在前文中提到过，索耶认为：“认知心理学有一个共识，即认为创造性不是一个孤立的、单一的思维过程。相反，创造性是多种不同的思维过程的产物，所有过程都与这八个阶段中的某一阶段相关。”（2012：90）如果情况果真如此，那我们似乎可以：1. 就创造性是否可以传授的问题得出一个肯定的答案；2. 对创造性是不是单一的一件事情这一问题进行否定回答。对于创造性是否必然是自发的这一问题，我们也可以得出否定的答案。然而，需要注意的是，说创造性有规则可循，进而说它可以传授，这并不意味着创造性永远都不会自发产生，也不是说所有的创造性活动都必须遵守这些规则。

然而，像索耶那样把创造性框进一个问题驱动的模型中进行讨论似乎过于奇怪和沉重了，好在他利用这些术语对如何理解绘画作品进行的阐释并没有什么说服力，因为他实在是重度引用了“问题”这个词。索耶报告了一个由西卡森特米哈伊设计的实验，该实验要求艺术家们从特定物品中进行选择，然后绘制各自所选的物品。索耶说（Sawyer，2012：91），有一组艺术家，

> 只花了几分钟就从27件陈列品中选出了几件。他们用两三分钟的时间绘出了草图，然后用接下来的时间完成自己的构思。换言之，他们快速选择了一个视觉“问题”，接下来就是投入大部分精力来解决这个问题。

在我看来，艺术家们所做的就是选择某个特定的方法来完成一个既定的任务。而索耶把选择物品、绘制草图和完成绘画的活动重新命名为一个“问题”，将“问题”一词的意义延伸到了无用的地步。事实上，第二组艺术家在毕业后被跟踪研究了五年，结果发现，他们并没有发展为成功的艺术家。而索耶描述这组艺术家的方式给我一种感觉，那就是这组艺术家觉得自己的任务比第一组的更有问题（problematic，取该词的常用义）（Sawyer，2012：91）：

> 第二组艺术家跟第一组应该没有多么不同。但这组似乎比较难拿定主意：他们花了5到10分钟看那27件陈列品，翻来转去从多个角度进行观察。选好物品之后他们开始绘制草图，这时又改变了主意，把一件物品放回去，重新拿过来一个。绘画进行

> 了 20 到 30 分钟的时候，他们又有了一个新的想法，草图需要彻底修改。大概这样过了长达 1 个小时之后，他们才最后定下一个想法，然后在 5 到 10 分钟之内完成了草图的绘制。 27

在我看来，这组人被问题困住了，但第一组没有。第一组的行为似乎更像是受到了肖特霍斯和梅克罗夫特笔下那种创造性灵感的启发（Shorthose & Maycroft，2017：ix；参见上文）。这一点虽然被索耶忽略了，但我认为，几乎所有从事过创造性活动的人，无论是写作、绘画、设计、烹饪还是其他事情，都曾体验过这样的灵光乍现。正如豪沃尔斯（Howells，2015：1）所说，创造性是“一件令人激动的事情”。

创造性是否产出艺术品？

如同罗宾逊的观点所表明的那样，本书的前提是认为“创造性并不局限于任何特定的学科或活动”，尽管很明显，“艺术类工作可能具有高度的创造性”（Robinson，2011：257）。我们今天倾向于把艺术类活动和其他活动分开，而这也并非铁板钉钉。即便是创造性的能量，“也需要艺术家的构思，以及新的形式来予以实现”（Fry，1926：22），而且创造性的能量也可能用于制造别的手工制品，而这些手工制品在传统上也是被归入“艺术”行列的。顺便提一句，福莱（Fry，1926）认为海报是艺术家的新媒介。科林伍德（Collingwood，1938：5）提醒我们说，在古代，艺术和手艺是不分家的。拉丁词 *ars* 和希腊词 *technē* 的意思都是“一门手艺或专门的技能，比如木匠、铁匠和外科大夫各自的专门技能”，而且“希腊人和罗马人对我们如今为了区别于手艺而称之为艺术的东西并没有概念”。18 世纪晚期出现了美术（fine arts），即精美艺术与实用艺术（useful arts）的区分。19 世纪时，人们去掉了修饰语“精美”（fine），也去掉了“艺术”的英文单词 arts 的复数形式，只剩下 art 来表示美好的事物，而“手艺”（craft）则成为表示其余事物的术语。然而，毫无疑问，除了所谓的精美艺术之外，制造其他门类的东西也需要发挥创造性，包括新发明、新建筑、新的服装设计和新的食谱。此外，豪沃尔斯（Howeels，2015：ch 3）表示，许多人——以美国东部的阿米什人（Amish）和墨西哥中部的萨巴特克人（Zapotec）为例——会花上许多时间和精力去给一些实用物品——比如一个保暖瓶增添艺术性，会给它加上一些在实用主义者看来毫无必要的装饰。丹麦语中有一个词，可以用来描述这类物品，这个词是 *brugskunst*，大致的意思是“日用艺术”（use-art）或“供使用的艺术”（art for use）。人们觉得该术语完全不存在矛盾修饰问题，而且这类物品很受喜爱。这表明了一种观念，即创造性的劳动可以用于任何种类的物品；人类花精力去装饰那些有着实用目的的物品，这种做法由来已久。因此，创造性“并不局限于艺术”，或者像罗宾逊（Robinson，2011：30）所说的那样，创造性并不局限于“艺术、广告、设计或营销。所有这些都可以是具有创造性的，但任何其他事物也可以具有创造性，包括科学、数学、教育、与人合作、医学、管理运动队或经营餐厅”。

创造性是不是自发的？ 28

在人们日常的随机谈话中存在着语言的创造性，这种创造性被普遍认为或多或少是出于自发。如卡梅伦（Cameron，2011：79）所表述的那样，“那是一个自发的、随机的、平淡无奇的过程”。卡梅伦将语言的产出与绘画和诗歌的创作进行了对比，认为后者往往需要一个漫长和费力构思的过程，而这一过程也是在经年累月的学习和实践之后才成为可能的。类似地，“创造性心理学领域的权威人物之一”（www. bigspeak. com/speakers/mihaly-csikszentmihalyi/，2018 年 4 月 29 日访问）西卡森特米哈伊（Csikszentmihalyi，1996：1）告诉我们说，“一项真正富有创造性的成就，几乎从来都不是灵光一闪的结果……，而是来自经年累月的努力工作”。虽然跟上文的出发点不同，但是也像上文所强调的那样，我们认为，创造性的自发产生也并非不可能。

创造性是不是天生的？

在福莱（Fry，1926：5）看来，既然人类原则上可以在没有艺术的情况下维持生命，但却一直在从事艺术创造，那么，艺术必然“符合人类本性的某些基本构造”。迪萨纳亚克（Dissanayake，1992/1995：x；转引自 Howells，2015：49）甚至宣称，“人类是天生的美学和艺术生物”。用豪沃尔斯（Howells，2015：155）的话说，我们是美学人属（homo aestheticus），是关注审美的人。所以，如果情况果真如此的话，那么创造性就很有可能是人类的一项天生属性。

5 小结

以上探讨了康德的创造性理论是否依然成立的问题，结果显示，当下的许多观点都与康德的理论保持了一致，但也发生了一定的改变。目前，人们对创造性的理解是：它是每个人在某种程度上都具有的一种可识别的人类特征，但那些通常被称为艺术家的人拥有更非凡的水平。人们出于人类的特性，会自发地产生创造性，但创造性又是可以培养和训练的，并且可以制定出一些指导性原则来加以引导。创造性是由个体发挥的，但团队协作可以更加高效，在教育和商务领域或许尤为如此。这可能不仅仅是团队努力相加的结果，还需要团队合作更加平等与和谐，同等重视每一个人的工作，让所有人都为了一个共同的目标而努力。各类手工艺品也能算作艺术。原创性仍然是艺术、艺术家和艺术性的重要特征，但模仿和复制却是培养和塑造原创性的重要背景元素。在第二章，我将根据目前这些关于创造性的观点，对翻译是如何作为一项创造性活动而存在的进行考察。

29

6 本章余论

因为我没有资格对自己并不熟悉的领域给出合格的判断，所以仅对西方的创造性研究进行了如上的几乎穷尽式的回顾。感兴趣的读者也可以去进一步阅读卢伯特（Lubart）的作品，他受科利根（Colligan，1980：42）启发，对萨摩亚舞蹈（Samoan dance）做出了如下的阐释（转引自 Lubart，1999：343）：

> 每个萨摩亚人都要在三大基本风格的框架之内创造出自己的个人风格，这三大基本风格指的是：女性风格、男孩风格和喜剧风格。但是，舞者无论再具有原创性，也不可以去创作新舞步或改变动作的基本顺序……在萨摩亚文化中，舞蹈没有根本上的变动。创造性[以微妙的变化]体现在很浅表的层面，因为他们的文化[允许和鼓励的也就只是这个层面的创造性]。

在我看来，这个例子和翻译的创造性有相似之处。正如每一个萨摩亚人都应该创造出自己的个人风格一样，有的学者认为每一位译者也应该有自己的翻译风格（关于译者风格的问题，参见 Baker，2000；Bosseaux，2007；Winters，2007）。再如，萨摩亚人必须在舞蹈的基本结构之内发挥自己的创造性，在我看来，这就跟译者必须在原文的限制下发挥创造性一样。有一段时间，许多人关注译文与原文的关系，具体为关注翻译语言特征的问题（对该课题的回顾性研究，参见 Mauranen & Kujamäki，2004；以及贝克在该领域的开山之作 Baker，1993）。而译文与原文的关系当然可以非常自由。

在本书中，我特别关注译文与原文的关系，因为，这或许可以向我们揭示翻译行为的过程和本质。我要论证的是翻译行为本身就是一个过程（而不是一个先读后写或边读边写的过程），该过程始于某一读者持类似于罗杰·斯克鲁顿（Roger Scruton）所说的美学态度来对待原文之时（一个文本成为原文之时，就是当有人以必须翻译它为目的来阅读它之时）。对于一件物品的美学态度指的是单纯享受该物品，或只对该物品本身感兴趣。对物品 X 本身感兴趣指的是（Scruton，1974：148）：

> 持续地渴望听到、看到或以别的方式体验到 X，对 X 的这种渴望不是因为它能满足其他的渴望或欲望，这种渴望只有在想到 X 的时候才会产生。……如果我对 X 本身感兴趣，那么在回答“你为什么对 X 感兴趣”这一问题时，我会表达脑海中让我持续产生兴趣的原因——换言之，就是我会对 X 进行描述。

30 我想说的是，当人们持美学态度（只对物品本身，而不对其他事情感兴趣）来处理将要翻译的作品时，这一态度必然会掺杂一些实用性，例如，认为这是一项必须完成的任务，因为有人要求，或者有人需要或盼望这个作品被翻译。即使如此，我依然认为可以在翻译时用斯克鲁顿所说的美学态度来对待原文，因为美学态度指的是对自己感兴趣的某件物品进行描述，而翻译是最贴近这种描述的。翻译（描述）可以忠实或随意、精确或自由，全凭译者自己决定，只是会换一种语言、方言或语种。译文并不是“关于”原文的，而是“来自”原文的，前者与后者的关系就像孩子与父母的关系。

第二章

创造性定义语境下的翻译

1 引言

在上一章，我考察了关于创造性的传统观念以及当下的看法。 31

在我看来，当下的观点认为创造性是一种单一的、可识别的人类特征，这种特征可能会带来许多不同种类的产物，但其中很多通常不会被视为艺术品。创造性被认为是每个人在一定程度上都具有的特征，但有的人，通常是那些被称为艺术家或“创意人士”的人，往往具有更加非凡的创造性。人们一致认为，出于人类自身的特质，创造性是与生俱来的，它往往是自发产生的，但也可以通过教育和实践得到增强和提高。因此，可以制定出一些指导性原则，供从事创造性工作的教育者和实践者们遵循，但是他们也不必一定遵守这些原则。我们看到，虽然人们承认创造性往往是由个人发挥的，但是在许多创造性的实例中，从事创造性工作的都是团队，尤其在教育和商业领域，团队合作往往受到高度重视，这也是培养团体意识和建立共同目标的好办法。自康德以来，创造性物品的概念得到了扩展，各种各样的手工制品都可被看作艺术品；同时，人们也认识到，一个非艺术品的生产方式也可以富有创造性。在这种对艺术家和艺术品更为开放的观念之下，原创性在人们总结出的艺术、艺术家和艺术性特征清单上位居前列，但大家同时也公认，模仿和复制是培养和塑造原创性的重要背景因素。如果有人打算像我一样论证翻译是一种创造性活动，那么上述关于原创性的概念会大有启发。事实上，在本章，我将根据当下关于创造性的观点来考察翻译是如何作为一项创造性活动而存在的。

32 2 翻译行为是否符合当下关于创造性的观点?

在这一节，我会根据第一章确立的关于创造性的标准来对翻译行为加以考量。

翻译行为是不是单一的一件事情?

根据布里格斯（Briggs，2017：18）的观点，“翻译行为（translating）不只是一个小的学习领域，翻译作品（ translations）也从来都不是一件毫不复杂的单一事物”。在本书当中，我们会看到这一观点反复被证明，这也符合大多数关于翻译（translation）、翻译行为和翻译作品的研究结论。我刚才对“翻译”“翻译行为”和“翻译作品”所做的区分在布里格斯的表述中也得到了强调，我们必须牢记这一点。“翻译”一词及其相应的短语在学科领域内可以被用作一个统称，例如，“翻译”可以指“翻译学士/硕士/博士专业”；这个词的单数形式也可以表示翻译过程产生的翻译作品，是一个可数名词，例如，“里尔克（Rilke）诗歌的这个翻译很有创造性”，这句话中的“翻译”（translation）指的就是“译作”。所以说，译作，无论是已经形成书面文本的，还是在译者头脑当中的，都远没有那么简单。后面我们会举几个例子来讨论这个问题。同样，跟所有的术语一样，“翻译”也有各种各样的比喻意义。例如，下面这两句从英国国家语料库（https://corpus.byu.edu/bnc/，2014 年 2 月 19 日访问）当中提取出来的例句：“A major conduit for the translation of many of these ideas into legal thought was Oliver Wendell Holmes”（奥利弗·温德尔·霍姆斯是将这些想法翻译为法律思想的主要中间人）；以及“the lower value of the pound which is also helpful to the translation of our overseas profits”（英镑的贬值也有利于翻译我们的海外利益）。①最后，科学和几何领域也会用到“翻译”一词，用来表示移动图像或物品的每个点，让它们在相同的方向上保持相同的距离，从而使图像或物品保持不变。我们在本书中讨论的“翻译”，与诸如此类的用法无关。

事实证明，像所有的思维瞬间一样，翻译的瞬间也无法被捕捉，哪怕是用眼动追踪和键盘记录等现代化手段来观察译者在翻译时的眼球运动和聚焦、瞳孔的大小变化，以及键盘打字活动（参见如 Göpferich et al.，2008；见下文第三章）。然而，尽管有了更为先进和精密的研究方法可以搜集此类行为以及认知过程的证据（参见如 Schaeffer & Carl，2017；Jakobsen & Mesa-Lao，2017），但却如约翰·洛克（John Locke）在其著作的第二章开篇所说的那样，这些表面现象背后的思维过程依然“隐于视线之外”。换言之，我们在识别

① 为真实反映英国国家语料库中收录的例句，此处保留了英语原文。括号里的译文是对原文的字面注解。（本书脚注均为译者注）

和描述翻译瞬间留下的痕迹和结果方面做得越来越好，在这个意义上，我们更接近于了解翻译过程，但是却并没有更接近于理解它。在第三章中，我将对翻译过程研究进行综述。

至于翻译行为更为广泛的物理和社会过程，则如布里格斯所说，并不是一个小的学习领域。事实上，做翻译和学习翻译需要许多投入。维耶纳（Vienne，1994：53）非常详细地列举了他的学生在
33 准备成为职业译者前需要进行的练习，包括：翻译情境分析；翻译方法、文献研究方法和文献查找方法开发；原文分析；文本产出；文本校核；交工时附带适当的说明。这些活动的具体性质在不同的翻译任务中会有所不同，译本生产过程所涉及的机构和主体也会有所不同（Pym，1998）。在这一点上，产出一个译本与传统意义上的创造性活动并无本质区别。翻译开始前通常会制定一个十分详尽的翻译委托书，明确译本的用途、预期使用者，以及需要呈现的特点，而艺术品的产出过程可能也是如此，委托书的内容可能来自于外在的要求，也可能来自艺术家内在的创作动机。比如说，委托书要求画的马要像马，这时，马的某些固定特征就必须被考虑进去，就算像毕加索（Picasso）这样经常抽象处理绘画特征的艺术家，在塑造相似性的时候，头脑中也都装着描绘对象，哪怕处理得很不合常规。

当然，翻译的瞬间，也就是译者决定一段语言译文的瞬间，极有可能只是一件简单的事情，是一个灵光乍现的瞬间，尽管并不是每一个这样的瞬间都令人叫绝。从这个意义上讲，翻译的确是单一的一件事情。但是，就实际产出翻译作品的过程而言，该过程也和

创造性本身一样，并不只是“单一的一件事情”那么简单。

翻译行为是不是一项特殊才能或天赋？

在哈里斯（Harris，1973；1977）和舍伍德（Harris & Sherwood，1978：155）看来，翻译是一种天生的语言技能，任何一个掌握了两种以上语言的人都可以从事这项工作。他们用几个双语家庭父母的日记作例子（Leopold，1949；Ronjat，1913），来证明这些双语家庭长大的孩子都会自发地进行翻译。他们将这种现象命名为“自然翻译”（natural translation）（Harris & Sherwood，1978：160），并且提出了一套“自然译者儿童时期时会经历的阶段”（1978：155），这些阶段与儿童第一语言的习得过程略有关联。哈里斯和舍伍德（Harris & Sherwood 1978：167）提出的这些阶段包括：

（1）前翻译阶段（Pretranslation），来自朗亚特（Ronjat）对他法德双语的儿子进行的观察。这一阶段指的是 1 岁 2 个月到 1 岁 9 个月之间的这段时间。在这一时期，双语儿童会自动地切换两种语言来表达概念。朗亚特给出了下面的例子（Harris & Sherwood，1978：166）：

爸爸：Dis merci（法语：“说谢谢”）

孩子：Danke（德语：“谢谢”）

妈妈：Was hat Papa im Mund （德语：“爸爸嘴里的是什么？”）

孩子：Pfeife（德语：“烟斗”）

爸爸：Qu’est-ce que c’est que ça?（法语：“这到底是什么？”） 34

孩子：Pipe（法语："烟斗"）

根据朗亚特的观点，在第一种情况下，孩子条件反射式地用了德语，因为他经常被要求用德语说"谢谢"。在第二种情况下，对话双方所使用的语言都是由发问的语言触发的。哈里斯和舍伍德（Harris & Sherwood，1978：166）将这种现象称作"双语反应"（bilingual response）。而在朗亚特以及哈里斯和舍伍德看来，上述两种情况都尚不涉及翻译。在前翻译阶段，还可以观察到孩子自发地练习词语配对：oeil/Auge（眼睛）、Schiff/Batea（船）。这是一种好玩的语言游戏，孩子也由此学到了两种语言的用词（Harris & Sherwood，1978：166）。

（2）人际自动翻译阶段（Interpersonal autotranslation）（为了方便他人理解而对自己的话进行翻译（Harris & Sherwood，1978：165）。这一阶段跟前翻译阶段的后期是重叠的，朗亚特在儿子1岁9个月的时候就观察到了这一点。在此之前有一个时期，孩子会自动翻译自己的话。这个阶段的本质和动机显然可以被看作跟刚才提到的单词配对游戏相类似，都是为了好玩。

（3）转换阶段（Transduction）。这一阶段被定义为（1978：165）"译者充当其他两人之间沟通的媒介"。利奥波德（Leopold）在他3岁3个月大的女儿身上观察到了这一点，而这一阶段比之前两个阶段都更加接近大多数人心目中对翻译的理解。

在前翻译阶段，孩子并未充分意识到自己是在翻译，而只不过（如上述的例子中）是用了自己平常表达感谢时会用的那个词。到了第二个阶段的时候，孩子开始乐于练习用两种语言来表达自己想说的话。而第三阶段的孩子已经明确知道自己是在翻译，充当的是语言不通的两方进行沟通的中介。

正如图里（Toury，1995：245–246）所指出的，哈里斯和舍伍德的理论无法解释非母语双语者（non-native bilinguals）的翻译能力，也无法解释通过教学和培训而得到提高的口译和笔译能力。此外，图里还指出，并不是每一个“自然”双语者都能够产出优质的、可用的翻译文本。这样的翻译通常会得到双语人群自己的认可，但是在他人看来，有时译得实在差强人意。双语背景似乎“本身并不意味着翻译能力”（Toury，1984：189）。瓦尔德斯（Valdés，2003）也得出了类似的结论。她调查了年龄在 4 岁到 12 岁之间的 25 个孩子，这些孩子经常为他们身在美国却“不懂英文”的家人和拉美移民进行翻译（Valdés，2003：63）。瓦尔德斯发现，孩子们的翻译能力差异很大，而且未必是因为年龄的关系（2003：78）：

> 最初家里在挑选那些小口译员……，决定选哪个孩子时考虑的是：（a）接触英语更多的，（b）最能被外界认真看待的。这样
> 一来，往往是家里最为年长的孩子最先被选中担任家庭的口译 35
> 员职责。然而，时间久了，也会让家里的其他孩子帮忙翻译，尤其是当年幼一点的孩子在口译方面表现出更高的能力和热情时。

所以，就如同每个人似乎都拥有一定的创造性——正常的创造水

平，但有的人却拥有非凡的创造性那样，相比某些双语使用而言，另一些双语使用者拥有更为卓越的翻译天赋，而后者才可以说是才华出众的译者。在这一方面，翻译能力与创造性的情况如出一辙。

翻译行为是不是一项个人特质？

当然，翻译的过程通常是一个人独自完成的。然而，许多翻译项目都是由小组、团队或搭档一起来承接的。常见的案例包括项目外包、影迷字幕翻译和固定译者搭档等，就像安妮·麦克莱恩和安娜·米尔森（Anne McLean & Anna Milsom，2011；2015）那样，她们英译了哥伦比亚作家艾维力奥·罗瑟若（Evelio Rosero）的《美好办公室》（*Good Offices*，2009）和他的《无辜者的盛宴》（*Feast of the Innocents*，2012）。（一般认为）团队翻译最著名的成果当数《七十士译本》（*Septuagint*，公元前 3 世纪），即《旧约圣经》（*Old Testament*）的希腊译本，"据说是 72 位长老在埃及用了 72 天翻译出来的"（Campbell，2010：17 ）；还有《钦定本圣经》（*the King James Bible*），主要是在《主教圣经》（*the Bishop's Bible*）的基础上（见下文），由六家所谓的公司（委员会）完成的（Campbell，2010：47）。坎贝尔（Campbell，2010）在附录中列出了这几家公司的 44 位已知成员、7 位第一版的审校、4 位第二版的审校，以及修订版的许多审校（而且他还补充说可能涉及更多的工作人员）。这些译者在一定程度上借鉴了威廉·廷代尔（William Tyndale）名为《科隆片段》（*Cologne Fragment*，1525）的译本（Campbell，2010：10–11），以及迈尔斯·科弗代尔（Myles Coverdale）1535 年的《旧约》译本（Campbell，2010：15）。这一点很明显地体现在他们对这两部译本部分内容的复制上。坎贝尔（Campbell，2010：11）辨认出了从廷代尔《科隆片段》中复制来的这句话："Ask and it shall be given to you；seek and ye shall find；knock and it shall be opened unto you"，以及从廷代尔《新约》（*New Testament*，1526）中复制的"Fight the good fight"和"the powers that be"（Campbell 2010：13）。坎贝尔（Campbell，2010：16）还找到从科弗代尔版《旧约》译本中引用的几处文字，以及圣歌中引用科弗代尔版《诗篇》137：1（Psalm，137：1）的话："by the waters of Babylon we sat down and wept when we remembered Sion"。在《钦定本圣经》中，这句话变成了"By the rivers of Babylon，there we sat down，yea，we wept，when we remembered Zion"（Campbell，2010：16-17）。许多人也能从波尼 M 乐队（Boney M）1978 年那首大热的歌曲《巴比伦河》（Rivers of Babylon）中辨认出这句话来（参见 www. youtube. com/watch? v = 7QUi8MFElq0，2014 年 12 月 18 日访问），或者也可以去听该歌曲最早的版本，即旋律乐队（the Melodians）1972 年为电影《不速之客》（*the Harder They Come*）编写和录制 36
的《巴比伦河》，该电影是佩里·亨泽尔（Perry Henzell）执导并与特雷弗·罗纳（Trevor D. Rhone）共同编剧的（https://en. wikipedia. org/wiki/Rivers_of_Babylon，2014 年 12 月 18 日访问）。

有一个当代的团队翻译案例——"波尔图大学的马纽雅尔·戈麦斯·达·托雷（Manual Gomes da Torre）带领十位学者组成的团队"，系统地将威廉·莎士比亚（William Shakespeare）全集译入葡萄牙语（Calvalho Homem，2004：80）。该团队的工作方式被这样描述道（Calvalho Homem，2004：80）：

> 每一卷都由团队的特定成员负责，但是所有个人译本都需提交后再进行交叉阅读，从而得到其他成员的批判性评价，而且会定期举行研讨会进行交流。

显然，所有的译文都会经手两个或两个以上的人，在某些情况下，还要经手更多的人，他们无须互相认识或见过面，而且这种译者间互不相识或素未谋面的情况也并不少见。事实上，《多语语境下的翻译与语际转换》［*Translation and Translanguaging in Multilingual Contexts* 3（3）：2017］期刊，曾有一整期内容都在谈论协作式翻译（translation as collaboration）问题，或者如编辑命名的那样，谈论“协译”（Translaboration）问题（Alfer，2017）。翻译和其他技术的进步促进了协作翻译的发展，这是游戏本地化、视听翻译……和众包翻译等领域的关键概念，所有这些都直接依赖协作翻译工作中的现代技术（Alfer 2017：275–276）。此外，由于翻译技术可以在前人译文的基础上提供新的译文选项，因此，采用此类技术得出的译文其实是多人共同努力的结果，同时也是技术系统本身“和译者以某种同事身份交流”的结果（Jakobsen，2017：41）。

协作翻译不仅是译者之间的协作，还“包括译者、作者、客户、项目经理、编辑以及……翻译过程中无数其他的利益相关方之间的协作”（Alfer，2017：276）。在翻译专业文本的时候，协作通常还会涉及拥有相关专业技能的人。例如，在将《意大利刑事诉讼法典》（*the Italian Code of Criminal Procedure*）译成英文的工作中，成立了一个小组，其中包括三名编辑（两名律师和一名语言学家，语言学家同时也是项目协调员）、两名专业翻译人员、一名以英语为母语的审校和四名正在攻读刑事诉讼博士学位的律师（Peruzzo，2017：12）。

然而，在翻译的过程中，每个人的大脑都是独立工作的。根据劳拉·温特·巴林（Laura Winther Balling）（个人交流）的观点，翻译过程中个体的独立性是本领域研究的基础假设，以至于没有人考虑过要去讨论它。因此，关于翻译是不是一项个人特质这个问题，答案只能是：“*是又不是。*”*翻译作品*可能是小组工作或结对工作的成果，*翻译的瞬间*（the moment of translating）却是个人的行为，但它与其他任何个人行为一样，也会受到个人与他人无数次接触的影 37
响，以及个人过往经历的影响。在这个意义上，翻译的过程跟创造性发挥作用的过程是一样的，即使一个团队在一起进行创造性的工作，每个人所谓的创造性火花也只会在个人的头脑中产生，而这个火花也可能是在跟团队合作与讨论的基础上才有的。

翻译行为是不是艺术家的特质？

这里的问题是：翻译行为是不是一项艺术活动（而不是：是不是所有的艺术家都从事翻译。这样问就是另一个问题了，其答案将取决于是否把翻译行为看作艺术活动的一种表现形式，而这并不是我在本书中要讨论的问题）。在 20 世纪 60 年代，翻译学家们分别将翻译描述为一门艺术，如塞尔维（Selver，1966）的《译诗的艺术》（*The Art of Translating Poetry*）；一门技艺，如阿罗史密斯和沙特克（Arrowsmith & Shattuck，1961）合编的论文集《翻译的技艺和语境》（*The Craft and Context of Translation*）；或者一门科学，如奈达（Nida，1964）的《探索翻译科学》（*Toward a Science of Translating*）。然而，在奈达（Nida，1964：3）看来，

> 当我们谈论“翻译科学”的时候，我们当然是从描述性的角度出发……。有人坚持认为翻译是一门艺术，且仅此而已。这些人往往未能深入探寻表面现象之下决定着翻译功能的深层原则和程序。同样，那些持全然相反意见的人，也很少对翻译的艺术层面有足够的研究和欣赏，而艺术敏感性又是一流的文学翻译所不可或缺的。

抛开奈达这段话中效果欠佳的隐喻不谈，他把对翻译的描述和翻译行为区分开来的做法却十分奏效：对文本和译作的描述是一种实证活动，细致的考察构成文本的文字材料，就像考察一幅画或一尊雕塑的材料那样。辛克莱（Sinclair，1966）对诗歌进行的详尽描述性分析就是一个很好的例子。无论是语言艺术还是视觉艺术，对艺术家来说，了解和懂得材料的性质和特征是大有裨益的，这是对材料物理性质的科学关注。同样，尽管这些知识本身并不能使一个人成为艺术家，但它却不见得会减损创造艺术品所需的艺术性，也不见得会减损读者对艺术品的享受。正如特劳戈特和普拉特（Traugot &

Pratt，1980：20）指出的，对文本进行有根据的分析可以丰富对文本作为艺术品的理解。此外，我也将在第四章中谈到，对原文采取美学态度通常需要关注其语言特征的处理艺术，这或许也是一个翻译艺术家常常希望在他或她的准译文（translation-to-be）中反映的东西。无论如何，自康德时代以来，艺术活动的概念不断扩展（见第一章），翻译行为显然也进入了艺术活动的候选行列，译者也可能被冠上艺术家的头衔。或许可以说，翻译的艺术性在于能够创造出一种新的语言作品，该作品与另一语言作品相似，但却不会因为追求这种相似性而歪曲新的作品。如博厄斯-贝耶尔（Boase-Beier，1999： 38
17，2006：47）所言，“原文的存在会对译者施加一定的约束力，让译者处在一种努力克服约束的状态，这会激发并且增强翻译行为的创造性”。

原创性是不是翻译行为的前提？

这个问题问的是，一个人是否需要拥有原创性才能从事翻译。首先，答案似乎很明显是“不需要”。理由是待译的文本已经存在，所以翻译不是原创。但这正是我们想要讨论的假设。正如我们所看到的，原创性问题常常被用来否定翻译是一种艺术活动的论点。康德认为原创性是创造性的一个方面，该观点几乎以其最初的形式持续至今。然而，请别忘了我们在第一章谈到过的雷恩的一项重要观点（Rehn，2011：137），即“所有创造性的核心都存在某种形式的复制，有些创造性做法，会通过组合与复制的方式来创造出世界上前所未有的新事物”。当然，人们早已广泛接受了语言的互文性（Kristeva，1966 转引自 Moi，1986：34-61），但是，就像我们在序言中提到的那样，翻译常常被认为比互文更具衍生性的特征，大家觉得翻译仅仅是复制而已。然而，也有许多观点反对把翻译当作复制的看法。

首先，很显然，不同的语言在声音、结构和意义这几个主要方面都各不相同。所以，翻译很明显不是把相同的一串声音或字母或原文以配对的方式复制过来——至少无法这样处理任何足够长的语言序列。

其次，还有一些激进的观点，认为就算在同一语言中说出相同的话都算不上复制，因为同一表述传达出的重要性、表达的感觉和意思都紧密地依赖于上下文，而上下文始终是一次性的。就像赫拉克利特（Heraclitus）的名言“人不能两次踏进同一条河流”，它总在不断地变化，所以从某种意义上讲，我们每次踏入的都不是同一条河流（Plato，公元前 360 年）。

再次，译者会考虑许多的社会文化因素，可能会在翻译原文的表面意思之前先思考清楚这类问题。在一个社会文化背景下可接受的、礼貌的现象，换到另一个社会文化背景下，可能就变成了禁忌，或者会非常不礼貌。

最后，也是最能证明翻译不是复制的一点：一个原文几乎总是存在几个不同的译本，所以从逻辑上来讲，翻译不可能是简单纯粹的复制。事实上，皮姆（Pym，2003：489）认为翻译能力就是在备选译文之间选出最佳译文的能力（更多信息参见第三章）。然而，尽管翻译不是简单纯粹的复制，但是雷恩（Rehn，2011：137）所说的

"所有创造性的核心都存在某种形式的复制，有些创造性做法，会通过组合与复制的方式来创造出世界上前所未有的新事物"（参见第 39
一章）这一观点对翻译却尤为适用。正如布里格斯（Briggs，2017：45）所言，译者是"基于他人写作的写作者"。译者在原文的基础上创作出的作品是原创性的，因为这部作品在最小限度内、以最简化的方式将原文与新的语言结合了起来，从而将译作这一新元素带到了世界上。还有一项证据能说明翻译的原创性，那就是人们观察到，无论是在翻译学习者还是在职业译员当中，极少见到同一原文译入同一语言时会得出两个高度相似的译文的情况。例如，坎贝尔（Campbell，2000：218）列举了九位学生对同一句阿拉伯语的英译，原文是：*bal huwa? aiDan riijiim yu? Addii li-l-rasaaqah al-maTluubah wa? ilaa taxfiiD wazan al-jism*，译文（大概）是：

> Rather it is also a diet that Leads to the required shapeliness and to weight less.（相反，这也是一种能带来所需的好形体和让体重减轻的饮食。）
>
> But it is a diet which leads to the wanted elegance and to reduce the weight.（但是，这是一种能带来想要的优雅和减轻体重的饮食。）
>
> But [sic] it is also a diet which leads to the aimed shape and to lose weight.（但是[原文如此]，这也是一种能带来目标中的身材和减肥的饮食。）
>
> But also lead to elegant needed.（但是也能带来需要的

优雅。)

It is also a diet which leads to the desired bodyweight.(这也是一种能带来理想体重的饮食。)

it is also a diet that lead to desired elegance and weight loss.(也是一种能带来理想中的优雅和让体重减轻的饮食。)

but it is also a diet that leads to the wanted fitness, and to a loss in body weight.(但这也是一种能带来想要的健康状态，也能让体重减轻的饮食。)

but it is also a diet for elegance and losing weight.(但这也是为了优雅和减重的一种饮食。)

It is also a diet which leads you to achieve the necessary fitness and to reduce body weight.(这也是一种能让你达到必要的健康状态和减轻体重的饮食。)

学生们把原文翻译成他们正在学习的语言，但是各自不同的处理方式仍然符合我关于原创性的论点：没有两个译文是相同的，也没有词以外的语言单位在两个（或多个）译文中被处理得一模一样。如果我们看职业译员的译文的话，情况通常也会是一样的。事实上，我们发现，即使同一译者也会把同一原文处理成不同的译文。例如，克利加德（Klitgård，2007）列出了莫根斯·彼得·明斯特·布瓦森（Mogens Peter Mynster Boisen，1920—1987）翻译詹姆斯·乔伊斯（James Joyce）《尤利西斯》（*Ulysses*）的好几个丹麦语译本，其中有大量互不相同的地方。布瓦森绝对不是没有经验，情况恰恰相反。克利加德（Klitgård，2007：121）对他赞誉有加，称他翻译了“来自英语、德语、挪威语和瑞典语逾800本的著作”。布瓦森分别在1949年、1970年和1980年出了三版《尤利西斯》的丹麦语译本，每一版与之前的版本相比都有诸多改动——有的是勘误，有的是改变了想法（Klitgård，2007：125）。例如，原文有一句话是“A pleasant smile broke quietly over his lips”（他的唇边悄悄地露出了愉快的微笑）（Joyce，1922/1986，l. 30－33. Klitgård，2007：144），布瓦森1949年的处理是“a friendly smile broke imperceptibly out on his lips”（他的唇上不知不觉露出了友好的微笑，丹麦语是“Et venligt smil brød umækeligt frem på hans læber”）（Joyce/Boisen，1949：8；Klitgård，2007：145），1970年的版本则变成了“Quietly broke a friendly smile out on his lips”（悄悄地，他的唇上露出了友好的微笑，丹麦语是“Roligt brød et venligt smil frem på hans læber”）（Joyce/Boisen，1970：19；Klitgård 2007：145）。

对于一部经典作品的翻译而言，追求原创性明显更为重要，因为如果与之前的译本相比，新译本的新颖度和原创性不够凸显的话，那么新译本也就失去了意义。这一点在汉斯·克里斯蒂安·安 40
徒生（Hans Christian Andersen）作品的翻译中得到了显著的体现。例如，《丑小鸭》（1844，Den grimme Ælling，The Ugly Duckling）的故事开篇就尤其难以处理（对于译入英语而言），一句话有好多种不同的译本。原文是“Der var saa deiligt ude paa Landet；det var Sommer”，英文可以从字面上译为“There was so lovely out on the country；it was summer”（那边乡村真美；时值夏日）。很显然，这个翻译不可能成

为一个正式的英语译文备选项，因为英语不会接受在句首这样别扭地放一个主语指示词"there"（不同于"there's someone at the door"），但是丹麦语却可以这么做。该作品相对较新的8个英文译本分别是这样处理这个开篇句的（按译者姓名首字母排序）：

Anon 1959	How beautiful it was in the country! It was summer time;（乡村多美啊！ 夏天到了；）
Corrin 1978	It was glorious out in the country. It was summer.（乡村风光旖旎。时值夏日。）
Haugaard 1974	It was so beautiful out in the country. It was summer.（乡村太美了。时值夏日。）
Keigwin 1976	Summertime! How lovely it was out in the country,（夏天来了！ 乡村太美了，）
Kingsland 1959	It was so lovely out in the country! It was summer:（乡村太美了！ 时值夏日：）
Lewis 1981	It was so delightful in the country. The air was full of summer;（乡村太怡人了。空气里满是夏天的味道；）
Peulevén. d.	Summer had come and it was so lovely out in the country.（夏天来了，乡村可真美。）
Spink 1960	It was so lovely in the country! It was summer.（乡村可真美啊！ 时值夏日）

这些译文之间有一些内容是重叠的，但没有哪两个版本完全相同。也有很多其他的译本中使用的译文与这里引述的某些译文一致——所以毫无疑问，后来的译者往往会参考前人的译文，但是很明显，上面例子中提到的每一位译者都试图创造出一些不同于前人的东西。从这个意义上讲，每位译者都提供了一些原创的内容。 41

翻译行为是否可以传授？

有许多讨论翻译教学理论和翻译教学实践的书和文章，例如 Baker，2018；Baker， 1992 年第一版；Cao，2007；Colina，2015；Hatim & Munday，2004；Kearns，2008；Malmkjær，2005；McKay，2006；Meta，11(4)（1966）；Meta，46(2)（2001）；Mossop，2001；Munday，2016；Munday，2001 年第一版；Orlando，2016；Robinson，2012；Schjoldager，2008；Venuti，2017；Wagner，Bech & Martínez，2002；WLF Think Tank，2014；以及《翻译和口译培训》(*The Interpreter and Translator Trainer*) 期刊。显然，这些著作的编者、作者和期刊撰稿人都认为翻译是可以传授的。此外，几乎所有从事翻译研究的学者都在某种程度上参与了他们研究课题的教学，想必他们也希望并且相信自己的努力并非白费力气。在康德看来，可传授性是一个与创造性格格不入的特征，但正如我们在第一章中谈到的，这一观点受到了之后学者们的强烈质疑（如 Robinson，2011；Gaut，2014），所以说，翻译可以传授这一事实并不妨碍翻译的创造性特点。

翻译行为是否有规则可循？

与康德不同，当代的创造性研究者们乐于思考可以用来提高创造性的方法（参见 Sawyer，2012 等）。因此，上文提到的书籍和文章中讨论的翻译方法并不妨碍翻译被视为创造性的活动。而现有的翻译规则其实并不多。彼得·纽马克（Peter Newmark，1916—2011）告诉读者，必须特别注意词序、句法、同源词和风格（Newmark，1988a：27）。类似地，安德烈·阿方斯·勒弗菲尔（André Alphons Lefevere，1945—1996）1975 年的著作《诗歌翻译：七个策略和一个蓝图》（*Translating Poetry：Seven Strategies and a Blueprint*）的题目也透露出一种强烈的规定性，而勒弗菲尔提出的七个策略只是通过观察七位译者英译加尤斯·瓦莱里乌斯·卡图卢斯（Gaius Valerius Catullus）的《诗 64》（Poem 64）而得出的。下面是这七个策略：

（一）语音翻译，即再现原文的声音。这种策略可以体现出术语之间的词源关系，也可以再现拟声词，但这些优势通常是以牺牲原文的意义为代价的。

（二）字面翻译，虽然可能需要添加某种形式的解释或注脚，但它可以反映原文的意义。字面翻译往往不能体现原文的艺术性。

（三）格律翻译，遵循原文的格律，往往以牺牲意义为代价，也容易造成句法上的异常。

（四）将诗歌译为散文，这样译出来的作品显然不是一般意义上的诗歌，但是可以反映原文的意义。

（五）押韵翻译，这种译法容易歪曲意义，而且常常听起来会非常奇怪，因为韵脚都很老套。柯拉多（Cradock，1828：22）举了塞缪尔·约翰逊（Samuel Johnson，1709—1784）用一首打油诗讽刺押韵的例子：

> I put my hat upon my head,
> And walk'd into the Strand,
> And there I met another man
> With his hat in his hand. ①

（六）无韵诗翻译，不押韵，但是会使用五部抑扬格。顾名思义，五步抑扬格有十个音节，排列成五个音部，其中一个重读音节后面会跟一个非重读音节，如：

YOU and / **I** will /**MEET** a /**GAIN** in /**AU**tumn 42

根茨勒（Gentzler，2001：94-95）认为，这种诗歌形式“实现了高度的精准性和文字效果，但是，为了强行符合节拍，会需要对语言进行扭曲、扩展或压缩，这样往往会让译文显得啰嗦而且别扭”。

（七）解释性翻译，为适应新的作品呈现形式，对原作的主题进行改编，也不保留原作的结构和形式。例如，霍夫曼（E. T. A. Hoffmann）写于 1816 年的中篇小说《胡桃夹子与鼠王》（*Der*

---

① 原文是为了讽刺拙劣的押韵效果。可暂译如下：我帽子头上戴，海边散步来；路遇某一人，帽子手里揣。

Nußknacker und der Mauskönig, *The Nutcracker and the Mouse King*）常被用作芭蕾舞剧的底本，该剧还用了彼得·伊里奇·柴可夫斯基（Pyotr Ilyich Tchaikovsky，1840—1893）的音乐当作配乐。2017 年 12 月和 2018 年 1 月，伯明翰皇家芭蕾舞团还在伦敦爱乐乐团的伴奏下，在伦敦皇家阿尔伯特音乐厅表演了这个芭蕾舞剧。由沃尔特迪斯尼工作室（2018）出品、拉丝·哈尔斯特伦（Lasse Hallstrom，1946— ）和乔·约翰斯顿（Joe Johnston，1950— ）执导、阿什利·鲍威尔（Ashleigh Powell）编剧的电影《胡桃夹子与四个王国》（*the Nutcracker and the Four Realms*）也被搬上了荧幕。

对现象进行观察之后的阐述当然不一定属于规定性原则，但是，观察已有实践从而获取指导原则的做法也很常见。从观察中总结可用的原则，这是理论家们所提倡的做法，而当原则与现象发生矛盾的时候，这种做法便会不受认可。勒菲弗尔是这样表达自己的观点和做法的（参见 Gentzler，2001：95）（Lefevere，1975：99；斜体保留自原文）：

> 译者的任务就是要通过在不同的语言、时间、地点和传统中，使用对等的内容去替换原作者的各种变化，……从而使读者能够理解原文……译者必须用对等的译文替换原文中包含的*所有*不同的变化。

有很长一段时间，翻译界非常流行讨论翻译策略或总结翻译策略。例如，约翰·德莱顿（John Dryden，1631—1700）总结出了：（1）直译（metaphrase），指“逐字逐行地把原文从一种语言翻译成另一种语言”；（2）释义（paraphrase），指“自由翻译，译者要保证不遗失作者，但作者的表达形式并没有他要表达的意义重要；意义可以被放大，但不能被改变；（3）模仿（imitation），指

> 译者（如果他此刻还称得上是译者的话）不仅可以在文字和风格上与作者不同，而且还可以在他认为合适的时候抛弃原文；只需从原文中得到一些泛泛的提示，译者就可以依照自己的喜好在译文中自由发挥。
>
> （Dryden，1680/1885：16）

每隔一段时间，就会有人提出特定语言现象的翻译规则或指导策 43
略，例如隐喻的翻译、荷马史诗的翻译（Cowper，1791；Arnold，1861）。纽马克（Newmark，1988a：100-113）提出了隐喻翻译的六种方法：死译、套译、对译、改译、近译、创译，译者会根据可比性条件，如频率、语域和文化接受度等，从这些方法中进行选择。迪金斯（Dickins，2005，2018）详尽地介绍了隐喻（还有明喻、转喻和提喻）及其翻译方法。在《论译荷马》（On Translating Homer，1861）中，马修·阿诺德（Matthew Arnold，1822—1888）提出了与奈达（Nida，1964）在将近一百年后所提倡的翻译策略截然相反的做法，后者认为翻译时应该努力为译入语读者创造出与原文读者相似的阅读效果（动态对等翻译；参见 Nida，1964：166-192）。阿诺德不提倡这么做，他以《伊利亚特》（Illiad）为例解释说，我们无从得知这部

史诗对其同时代读者的影响。相反，他认为译者应该为饱学之士而译，“这些饱学之士应该在掌握希腊语知识的同时，还要对诗歌有着良好的品味和直觉”，因为（1861/1960：99）

> 只有他们才能判断译文的效果是否与原文大致相同，他们是这件事唯一称职的裁决者。希腊人已经死了，没有学识的英国人也没有判断的依据；任何人都不能笃定地相信自己单方面对作品的评价。因此，不要让译者相信古希腊人可能会对他持有的看法，这样他会迷失在混沌之中；不要让他相信普通的英国读者对他的看法，这样做等于用盲人当向导；不要让他相信自己对自己工作的评判，这样他可能会被个人的反复无常所误导。让他问问那些既懂希腊语又能欣赏诗歌的人对他的译作是怎么看的。

显然，翻译界已然存在许多指导翻译行为的原则和规定。至于是否有用，那是另一个问题了，而这不是我们这里要探讨的。

翻译行为是否产出艺术品？

根据雅各布森（Jakobson，1959/1987）和英伽登（Ingarden，1973）的说法，艺术性文本是不可译的。雅各布森认为（Jakobson，1959/1987：434）：

> 在诗歌中，构建文本的原则就是构建语言方程式。句法、词

> 汇、词根、词缀、音素及其成分（显著特征）——简而言之，语言代码的所有组成部分——都会根据相似性和相异性的原则被用来形成对仗、并列、前后串联等语言形式，彼此间还要有一定的语义关系。双关，或者用更宽泛、可能也更精确的术语来说——文字游戏，才是诗歌艺术的要领。无论这种文字游戏的规则需要绝对遵守还是部分遵守，诗歌在本质上都是不可译的。

与许多其他的理论家一样，雅各布森这里的表述是基于诗歌文 44
本和其他文本类型之间的差别。他（Jakobson，1960/1987：66）认为，语言在言语交际中有六种功能，每一种功能都与交际情境的某一个方面有关。交际情境的这些方面分别是：（1）信息发出者，（2）信息接收者，（3）上下文，（4）信息，（5）信息发出者与信息接收者之间的关系类型，（6）交际使用的代码（如文字或言语）。相应的功能分别是：（1）情感或表达功能（指向信息发出者本人），（2）会话功能（指向信息接收者），（3）指称功能（指向上下文），（4）诗意功能（指向信息），（5）寒暄功能（指向信息发出者与信息接收者之间的关系），（6）元语言功能（指向语言代码）（Jakobosn，1960/1987：66-69）。每一个交际功能都涉及所有的交际动作，但是无论在哪个动作中，都有一个占主导地位的交际功能。

此外，雅各布森（Jakobsen，1956/1987：98-99）还指出，任何语言的使用都涉及句法结构的组合和多种可能的表达方式的选择。在诗化文本中（雅各布森指的不仅是诗歌，还包括其他注重表达形式的文本），诗意功能占主导地位（即使其他的功能也在发挥作用），这个功能*“将等效原则从选择轴投射到了组合轴”*（Jakobson，1960：71，斜体保留自原文）。雅各布森这里借用的是费迪南·德·索绪尔（Ferdinand de Saussure，1957—1913）的理论，想象语言有两个“轴”，即范式（或意义）选择轴与合成（排序；结构）组合轴。如果要标准地使用语言，那么就要优先组合轴，即单词要根据语法规则排序，而措辞的具体选择或许就没有那么重要了。例如，一个人说“猫咪坐在毯子上”（the small feline sat on the rug），还是“猫儿坐在垫子上”（the cat sat on the mat）都无关紧要。但是，在诗歌文本中，表达方式的选择不仅仅也并不主要取决于一个人要说什么，还取决于把字词先后排序（组合）让它们彼此照应进而形成韵律的意愿。所以，就诗意而言，“猫儿坐在垫子上”可能比“猫咪坐在毯子上”更受欢迎。这是一个老套的例子，但我希望这个例子能够展示出语言的诗意功能所具有的高度复杂性。这种语言的诗意功能常常在各行各业的表达中都起着至关重要的作用，但可能主要用于说服性文本，例如作家和演说家会用那些能够强烈调动观众情感和智力的方式去表达。文学作品的语言功能跟其他任何艺术作品的材料功能毫无二致。

然而，没有理由因为语言功能可以细分，而有的文本或许在某一个语言功能，例如诗意功能方面尤为突出，就认为这种文本是不
45 可译的，这不合逻辑。我们大可以将上文引用雅各布森的那段话改造成下面这段，其中（除了缺少后半部分之外），只是在第一句话的“诗歌”之后添加了“翻译”一词：

> 在诗歌翻译中，构建文本的原则就是构建语言方程式。句法、词汇、词根、词缀、音素及其成分（显著特征）——简而言之，语言代码的所有组成部分——都会根据相似性和相异性的原则被用来形成对仗、并列、前后串联等语言形式，彼此间还要有一定的语义关系。

换言之，一首翻译的诗也能像原创诗一样表现出诗的特点。此外，对诗歌文本和其他文本类型的区分也让雅各布森陷入了一种难以自圆其说的境地。根据他的这种区分方式，至少有两种类型的体验，即认知体验和其他体验。他认为（Jakobson，1959/1987：431）：

> 所有的认知体验都可以用某个现有的语言来进行表达。如果术语上有所欠缺，可以通过借用外来词或外来译语、创造新词或转换语义的方式来实现。如果实在不行，还可以用解释说明的方法来予以补偿和扩充……在译入语中，语法手段的欠缺并不会导致原文包含的概念信息无法得到直译。

如果认知体验总是可译的，而诗歌却从来都不可译，那么诗歌带来的体验就必须是一种非认知的体验；而我们要问的是：难道不是所有的体验都是认知体验吗？

英伽登（Ingarden，1931/1973：29）认为，文学的价值在于组成“文学艺术作品基本结构”的若干“层次”之间的相互作用。这些层次包括：（1）语音层（word sounds）和“建立在它们之上的更高层次的*语音结构*”（Ingarden，1931/1973：30，斜体保留自原文）；（2）语义层（meaning units）；（3）图式化外观层（schematized aspects）；（4）再现客体层（represented objectives）。每一个层次都有自己独特的审美性。英伽登宣称，在翻译时，“无论人们多么费尽心思地想要在语音层实现最贴近的相似性，都无法在这方面达到与原文完全匹配的程度”（Ingarden，1931/1973：56）。他认为（Ingarden，1937/1973：156），这主要是因为“忠实地翻译真正伟大的文学艺术作品似乎是不可能的，而对于科学作品而言，‘好的’翻译却并非无法实现，尽管也可能有一点难”。与当代许多研究艺术与科学之间关系的思想家相反，英伽登对科学文本抱有一种柏拉图式的态度，认为应该纯粹欣赏科学作品的意义。他还认为，“语音现象的艺术功能会分散人们正确理解科学作品时的注意力”，所以，“从审美和情感态度
46 的影响中解脱出来十分重要，这样才可以让纯粹的认知功能在科学作品研究的对象中自由发挥作用”（Ingarden，1937/1973：157）。然而，我们已经讨论过了，艺术家也必须了解他们创作所需的材料的性质，而且纵观历史，有的艺术家在艺术和科学领域可以说是平分秋色（最著名的例子有里奥纳多·达·芬奇（Leonardo da Vinci，1452—1519））。并且我们知道，许多科学家也会欣赏自己的研究对象（参见 Hauptman 2008 等）。此外，译文显然不可能与原文完全相同，因为如果是这样的话，那就区分不出哪个是原文了。但是，我们也没有理由认为各个语言层次之间的相互作用或者语言的“基本结构”不能与原文匹配。总之，无论如何，我们很难想象要怎样对此加以衡量，或者，谁又有资格在文本之间做出裁决。

最后，有的译作足以被视为艺术而无论原文能否进入这一范畴。例如，一位名叫海瑟琳・德荣（Hesseline de Jong）的荷兰女性用荷兰语口述了她生活中的真实事件，她的叙述与当时发生的一系列事件信息一道，构成了英语的文学艺术，就像范埃斯（Van Es 2018）用英语讲述利安（Lien）的故事一样。[①]虽然利安的故事算不上一部小说，但在我看来，这本书值得被夸奖为"感人至深、叙述灵动，在跌宕起伏的战时故事中巧妙地融入了令人的智慧"，这是印在书的护封背面的著名作家佩内洛普・莱弗利（Penelope Lively）的书评。

翻译行为是不是自发的？

如上文所述，哈里斯和舍伍德（Harris & Sherwood，1978）认为，翻译活动常常是由没有受过翻译训练的人来从事的。这种情况无疑属实。但是同样明显的是，如果想获得翻译的专业知识，往往需要相关的教学和实践。在这一方面，翻译与创造性是一样的。每位双语使用者都能从事基础意义上的翻译工作，但在绝大多数情况下，更优秀的译文则需出自兴趣、训练和实践。

翻译行为是不是天生的？

只要语言能力是人类天生的，而且只要语言在本质上是翻译性

---

① 范埃斯是一位移居英国的荷兰人，他的书《被遗弃的女孩：失而复得的战争与家庭故事》（*The Cut Out Girl*：*A Story of War and Family*, *Lost and Found*）讲述了犹太女孩利安在纳粹占领时期被荷兰家庭偷偷收养的故事。

的，那么翻译行为就是天生的。伦内贝格（Lenneberg，1969）强烈认为语言能力是天生的，或者至少是有生物学基础的，尽管它需要社会性的触发（即需要与人说话）。他还在诸如苏姗·柯蒂斯（Susan Curtiss）对杰妮（Genie）（1977；参见下文）的“野孩子”（feral children）研究案例中为该论点找到了支撑。伦内贝格（Lenneberg，1969：635）列出了语言的六个特征，用来证明语言能力存在“相当明确的生物学基础”：

> （一）它是一种存在于世界所有文化当中的行为方式。（二）在所有文化中，语言的开始都与年龄相关。（三）语言的习得策略只有一种，全世界任何地方的儿童都一样。（四）无论外部形式
> 47 如何，语言在本质上都基于相同的形式化操作特征。（五）在人类有记载的历史当中，这些操作特征都是恒定的。（六）语言作为一种行为方式，可能会具体地受到某些局部脑损伤的影响，但是这些损伤却不会妨碍其他的思维和运动技能。

对于大多数成年人来说，语言功能主要依赖大脑的左半球，这一区域的创伤会使他们的语言能力受损。但是，如果一个人的左脑半球（大致上）是在青春期之前受到的损伤，那么右脑半球就能够进行显著的补偿，从而使他的语言能力不受影响。伦内贝格从中得出了语言习得关键年龄的假说。他还进一步指出，一个人成年之后学习外语，会更难掌握标准发音和避免母语干扰，这也证明了语言习得存在着关键的年龄段。柯蒂斯研究了一个被文学界称为杰妮的女

孩，她“在 13 岁 7 个月大的时候才面临第一语言学习的问题”（Curtiss，1977：11）。柯蒂斯的研究结论也支持语言习得存在关键年龄的观点。杰妮与世隔绝的悲惨遭遇，让人们很难确定她早年是否学会过某种语言，也很难确定她的一般认知发展程度是否足以让她学会一门语言，但是柯蒂斯（Curtiss，1977：11）认为，有证据表明，对第二个问题的回答是肯定的。杰妮在就医之后，词汇量显著增长。在杰妮 14 岁的时候，柯蒂斯开始与她交流，最初杰妮只会一个词一个词地说话，在接下来的两年时间里，她学会了使用两个连续的词或一些礼貌用语，比如“可不可以给我……”（may I have...）（Curtiss，1977：29-30）。她不会使用语言中的替代形式，比如关系代词、不定代词或指示词（Curtiss，1977：191），也会混淆人称代词“你”和“我”（Curtiss，1977：192）。总体而言（Curtiss，1977：193），

> 杰妮的语言发展，尤其是她的口语能力发展一直相当缓慢，与正常人相比，可以说极度缓慢……，在她能够把词语组合在一起说话之后的四年里，她的表达依然基本上是电文式的。完全没有大爆发（great explosion）的迹象。

柯蒂斯所说的“大爆发”也常被称为词汇喷发（vocabulary spurt），指的是儿童在两岁末的时候突然习得大量词汇这一现象。因此，尽管“在最基础和最关键的方面，杰妮习得了语言”（Curtiss，1977：204），但是柯蒂斯认为，杰妮的案例可以被称作伦内贝格语言习得

关键期假说（critical period hypothesis）的“弱版本”，该假说认为，“*正常的*语言习得无法在语言习得的关键期之后自然发生”（Curtiss，1977：208，斜体保留自原文）。人类的语言及其发展是由其生物性决定的，在这个意义上，语言能力是人类天生固有的。

唐纳德·戴维森（Donald Davidson，1917—2003）在他的语言哲学中提出了语言是翻译性的论点，据他所言（Davidson，1973/1984：125）：

> 48 语言理解既是语内的，也是语际的。使用相同语言的人们面临的问题是：如何确定语言是相同的？他们可以继续假定，相同的表达会以相同的方式被解释，但这并不能反过来证明该假定的合理性。只要是理解他人的话语，就可能出现激进的解读。

第三章将探讨“激进翻译”（radical translation）的概念，现在我们需要明确的是：鉴于语言具有翻译性和与生俱来的特质，再加上哈里斯（Harris，1973；1977）和舍伍德（Harris & Sherwood，1978）提供的证据，我们可以肯定地说：从生物决定论的意义上讲，翻译行为是人类天生的（但是该能力的提高需要一个社会化和学习的过程，高水平的翻译行为和翻译作品甚至还会要求一些特殊的、更高级的才能）。

3　小结

总而言之，翻译行为同创造性一样，可以被看作是一种可辨识的人类特征。所有双语使用者都在一定程度上具备这一特征——如果从所有语言都是翻译性的这点上来讲，甚至单语人士也具有这一特征——但是某些双语使用者的翻译能力会更加出众。双语使用者或许会自发地进行翻译，但是翻译能力是可以得到培养和训练的，而且可以制定出一些指导性原则来促进翻译能力的发展。翻译的瞬间发生在个人的头脑中，但也会受到先前经历和与他人讨论的影响，许多翻译项目都是集体劳动的成果。在艺术品种类繁多的背景下，译作也完全堪称艺术。译作很显然是原创性的，尽管其创新方式仍带有模仿和复制的特征。

在这种观念之下，要区分翻译文本创作与非翻译文本创作会变得很难。不过，在下一章，我将谈到翻译过程的实证性研究和思辨性研究，这些研究都表明，翻译的过程在某些重要方面与其他的文本活动是不同的。我将尝试根据一种新康德哲学美学，着重从观察者对观察对象的态度方面，来阐释翻译过程与其他文本活动的不同之处。

| 第三章 |

翻译过程阐述

1 引言

在第一章当中，我从康德对创造性的启蒙式观念谈到了当代学者对创造性的理解。目前的观点认为，创造性被视为一种普遍的人类特征，每个人都具有创造性，只是各自发挥的程度不同，而艺术家拥有和发挥创造性的程度都非常之高。创造性活动可以是自发的，但是发挥创造性的能力可以通过教学和实践得到提高。个人和集体都可以创造性地生产出各类艺术品，这些艺术品能够给世界带来前所未有的新事物，因此在这个意义上，这些艺术品都具有原创性，哪怕它们的创作过程涉及一定程度的模仿和复制。在第二章当中，我将当代学者对创造性的理解与翻译和翻译能力进行了比较，认为翻译是一种创造性活动，它能够将一个新事物带到世界上来，因而译作也是具有原创性的艺术品。尽管译作与原文的关系涉及一定程度的复制，但相比原文来说，译作包含了足够的新颖性，因此也堪称具有原创性的创造性作品。

在本章中，我将讨论对翻译过程的阐述，包括相关的实证性研究和思辨性研究。第二节的开头部分会首先介绍在语言分析哲学领域发展起来的意义理论，落脚到强调观察者对观察对象态度的新康德哲学美学。这将为第四章对创造性翻译的阐释铺平道路，同时我也将在第四章中参考译者对自己工作的叙述，即讲述他们是如何处理原文和译文的。在本章的“翻译的语言处理”一节中，我将讨论翻译研究学者对翻译过程进行的思辨性和实验性研究，这些研究都能够说明翻译过程的独特性。在“如何做好一名译者”一节中，我将归纳翻译过程的研究发现为翻译理论和实践带来的启示。

2 翻译的意义理论

50 “意义理论为什么这么*难*？”希拉里·怀特霍尔·普特南（Hilary Whitehall Putnam，1926—2016）在一篇题为《语义学可能吗？》（Is Semantics Possible？）的文章中问道（Putnam，1970/1975：139，斜体保留自原文）。他把这种困难归咎于意义理论的一种倾向，即认为一个词的意义存在于一系列特征之中，而这个词所指示的对象都必须具备这一系列特征（Putnam，1970/1975：140）。这种倾向让人错误地以为，似乎所有词都可以有一个分析性定义，比如“柠檬”的定义就是“黄色柑橘类水果、味酸、富含维生素 C……”，于是我们就可以说，“所有的柠檬都是黄色的，尝起来很酸，富含维生素 C……”。但是事实上，分析性定义只适用于所谓单一标准的词，如“单身汉”或“狐妖”（所有单身汉都是从未结过婚的男性；所有狐妖都是雌性狐狸），而这类词相对较少。就这类词而言，如果不符合定义的标准（从未结过婚；是雌狐狸），则这个人就不是单身汉，这只狐狸就不是狐妖。普特南认为，对于大多数词来说，了解它们的含义并不意味着要了解一系列必要条件（绿柠檬也是柠檬，所以黄色并不是一项必要特征——柠檬的所有常见特征都同理可证），我们需要知道的是某些核心概念，这些概念一般都（或正或误地）与该词指示的现象联系在一起。其次，他指出“语义学是一门典型的社会科学”（Putnam，1970/1975：152），有着所有社会科学的缺陷——“粗略、缺乏理论和规律的精准性、缺乏数学的严谨性”。第三，他指出要想建立一种语言理论，我们需要一个语言使用者的模型（Putnam，1970/1975：152）。本着普特南的这一理念，我首先将探索一个涵盖语言使用者的意义理论。事实上，在本书的背景下，这样做是有道理的，因为语言使用者在很大程度上也是建立翻译理论的关键（Reiss，1971；Vermeer，1978；Reiss & Vermeer，1984；Nord，1988/1991）。该理论是对普特南（1970/1975：146）所说的“奎因的悲观主义”（Quine's pessimism）的回应。“奎因的悲观主义”指的是奎因对建立语义理论——一种关于意义的理论——所持的悲观态度。 我将从这里谈起。巧合的是，无论是在威拉德·范奥曼·奎因（Willard van Orman Quine，1908—2000）对于建立语义理论所持的悲观态度，还是在唐纳德·赫伯特·戴维森（Donald Herbert Davidson，1917—2003）恰恰相反的乐观态度中，翻译都占有重要的位置。其次，我将探讨有关翻译过程的阐述。最后，本章将转向美学理论来处理本书的核心课题，即论证翻译活动是一种创造性活动，翻译作品是该创造性活动的产物。

根据奎因（Quine，1959：171）的观点，我们可以有无数种方法列出不同语言之间的对等翻译，也就是说，翻译教材可以有无数种

可能，只要自身的内容前后连贯，我们就无法判断哪部教材是唯一
51 正确的。这是因为，我们在进行判断的时候，所有的依据都与相关语言及其背后的概念框架有关。奎因举了一个他称之为“激进翻译”（radical translation）的例子。按照奎因（Quine，1960：28）的说法，当一位口译员试图了解“迄今为止从未与外界接触过的人的语言”时，激进翻译的情况就会出现。他假设，一位语言学家在与来自某土著群体的向导一起工作时，出现了如下的情景（Quine，1960：29）：“一只兔子一窜而过，土著人说‘Gavagai’，这时语言学家做的记录是‘兔子’（或‘瞧，一只兔子’）。该记录充当某种临时翻译，有待后续案例的检验。”就此，奎因问，语言学家现在是否有理由假定“Gavagai”的意思就是“兔子”，然后他回答说，不可以。因为（Quine，1960：51–52）：

> 就拿“Gavagai”来讲，谁知道这个词的应用对象究竟是不是兔子，还是有可能只是指兔子生命的不同阶段或瞬间时段呢？在这两种情况下，使用“Gavagai”和使用“兔子”的刺激情境（stimulus situation）是一样的。或者，“Gavagai”一词的应用对象也可能是兔子身体的所有或某个部位。而且“Gavagai”和“兔子”这两个词的刺激意义（stimulus meaning）也可能相同。如果语言学家仅从这两个词的刺激意义相同这一点就匆忙得出结论，认为一只 Gavagai 就是一只完整而长命的兔子，那他就是在想当然地认为，当地的土著人和我们一样，有一个关于兔子的简洁的统称，但是对于兔子的不同生命阶段或身体部位，却

没有这样的统称。

换言之，说话人的表达并不能让我们获得他们的感官印象，即使说话人的所指在言语事件（speech event）的上下文中是清楚的。或者用哲学术语来讲，指称（reference）[或引申（extension），指被提及的“存在于现实世界”的事物]并不能让我们获得意义（sense）[或内涵（intension），指“存在于说话人脑中”的事物]。因此，即使是两个说“相同”语言的人，也不能保证他们所说的内容“意义”相同（Quine，1960：26）：

> 两个人在各种各样的感官刺激下所表现出的言语行为可能会有着全然相同的特征，然而，就算话语被触发的方式和话语表达的声音都一模一样，两个人各自想说的意义或想法在很多时候都可能非常不同。

更为乐观的戴维森在他的著作中反驳了奎因对意义理解的可能性的这种强烈怀疑。戴维森（Davidson，1967/1984）指出，如果要为一门语言建构意义的整体理论，即能够解释某个人所有的语言行为和这个人的其他普遍行为的理论，就必须为该语言中的每一个句子 s……建立一个匹配句……，这个匹配句会以某种尚不明朗的方式为 s“赋义”（Davidson，1967/1984：23）。那么最能为 s 赋义的显然是 s 自己，前提是“对象语言属于元语言，要不然 s 的译文属于元语言”（Davidson，1967/1984：23）。这里的“要不然”指的是，如果 s 的意 52

义要用一种非自身构成的语言来表达，那么 s 的译文就会赋予 s 意义。然而，“矛盾的是，意义本身似乎无法促进意义理论的建构”（Davidson，1967/1984：20），所以戴维森决定不再去寻找一个可以直接说明句子意义的理论。如果我们说“s 的意义是 p”，实际上是让这个问题往回倒退了一步，因为这会让我们不得不接着问 p 的意义是什么。我们想知道的不是某物跟谁的意义一样，而是它自己的意义是什么，以及如果 s 要表达 p 的意义时会怎么样。知道了这些，就相当于知道了“意义”是什么——这就是意义理论了。当然，事实会证明这一点对于翻译理论很有帮助。为避免对意义妄下判断，戴维森认为应该舍弃使用“意思是”这种结构，转而提供一个能够代替 p 来解释 s 的结构，即一个对 s 的替代性描述。可行的情形是：

（T）s 当且仅当 p 时，s 为 T（1967/1984：23）。

很明显，如果 s 仅且仅当 p 的情况下，放在 T 的位置的谓词就应该为“真”（true）：s 仅且仅当 p 时，s 为真。但是一个真命题是“一个句子[或话语]、一个人和一个时间之间的关系”，所以这个理论需要根据时间和说话人而相对化。这样一来，该理论就会产出如下的句子（Davidson，1967/1984：34）：

当且仅当 p 在 t[时]累了，p（有可能）在 t 时说出的“我累了”为真。

把真伪性作为理论的出发点而不是意义的出发点是对的，因为虽然每一个表达和每一句话都有其特定的意义，但真伪性是“一项依附或不依附于话语的单一属性，而每一句话都存在不同的解读”（Davidson，1973/1984：134）。而且，我们有理由假定说话人在大部分时候对自己的话语持这样的态度。所以，一只兔子一窜而过，有人说“Gavagai”，或者说是“有一只兔子”时，我们可以假定（在仔细核对了其他可能的解读和我们的解读的兼容性之后），当且仅当说话时他们附近有一只兔子时，这个人语言中的“Gavagai”或者“有一只兔子”为真（Hookway，1988：168）。当然，这一点只有在别人跟我们持相同的本体论或存在论时，才能讲得通，也就是我们看到一只兔子时，别人看到的也是一只兔子，而不是兔子生命中的某一个瞬间，或者兔子的某一个部位，或者兔子在历史上的某一个阶段，或者……。奎因质疑的正是这种假定，然而，在戴维森看来，该假设是合理的，因为（Davidson，1973/1984：137）：

> 如果我们找不到办法来解读某类生物的话语和行为，也证明不 53
> 了这些话语和行为反映出的信念基本都是对的、是符合我们自己的标准的，那么，我们就没有理由相信该生物是理性的、有信念的或者是在表达意义的。

我们假定对方在试图跟我们交流，这时我们采用的是“宽容原则”（the Principle of Charity）（Wilson，1959），以此来最大化我们的对话对象的真实性和理性（至少在刚开始的时候）（Blackburn，1994：62）。

有趣的是，关联理论（Relevance Theory）也基于一个十分相似的假定，即人类认可彼此间的“明示行为”（act of ostension）（Sperber & Wilson，1986：50），并以此为证据，证明对方有事情想跟他们交流，然后通过弄明白对方以为跟听话人当时相关联的信息，来明确对方想要交流的内容。很明显，认为某人有明示行为（用来吸引另一个人注意力的行为），相当于认为这个人有想法要分享；而有想法就相当于相信这个想法为真（重点在于“相信”）。

戴维森（Davidson，1986）解释了这种理论是如何处理语言现象中的所谓非字面意义的，也就是说话人显然并不相信自己所说的话。这些非字面的语言现象包括比喻、诗歌、口误、谐音、口头禅、双关语、反语、嘲讽、暗语（Grice，1975）、间接言语行为（Austin，1962；Searle，1969）等。哲学和语言学处理这些问题的传统方法是，先对字面意义进行解释，然后再附加注脚来说明说话人是如何用复杂的方式来处理非字面意义的。有时我们也会或多或少地通过下意识或无意识的推理来获取言外之意（Grice，1975）或理解说话人所谓的间接言语行为（Austin，1962；Searle，1969）。这种阐释的困难在于：（一）要解释“字面”和“非字面”意义之间的关系，（二）要解释为什么说话人选择不使用字面表达，当然还有（三）要对听话人为何，以及如何能从说话人话语的字面意义中理解到非字面意义进行解释。通常，需要解释的内容会涉及礼貌性（Brown & Levinson，1987）和/或得体性（Leech，1983），还要提供复杂的条件集来解释语言使用者是如何通过所说内容的字面意义来取得想要表达的隐含意义的（Searle，1969）。戴维森的解决方案与斯珀伯和威尔逊（Sperber & Wilson，1986）的方案一样，即只提供一种阐释，用于解释任何意义表达的案例。然而，这样做虽然避免了用复杂的过程来阐释对话双方靠何种规则从字面意义推及隐含意义，但是，这也要求我们重新思考，或者其实是直接摒弃字面意义这回事。

对于“字面意义”一词，戴维森是这么论述的（Davidson，1986：159，斜体保留自原文）：

> “字面意义”附加了太多哲学和其他方面的东西，不好发挥作用，所以请容我把这个我感兴趣的概念称作*第一意义*。该术语适用于特定说话人在特定场合所说的词和句子。但是，如果场 54
> 合、说话人和听众是“正常”或“标准”的（正常和标准的定义此处不赘），那么只需根据实际的用法去查词典，就能找到话语的第一意义……第一意义一般排在释义条目的第一位。

第一意义与词典和语法书中所收录的标准解释没有必然的联系，因为*无论*我们处于何种情境，排在第一位的解读*就是*第一意义。而有的时候，排在第一位的解读并未收录在词典或语法书当中。如果我们是听话人，第一意义就是我们首先想到的意义。如果我们是说话人，第一意义就是我们希望听话人从我们的话语中理解到的意义。显然，说话人和听话人的第一意义可能会不一致。然而*如果*二者一致的话，戴维森的问题是：是什么样的知识或能力帮助听话人理解了说话人的第一意义，或者帮助说话人选择了一种表达方式，好让既定的听话人能够按说话人希望的方式来理解自己？通常，这种知识被描述为符合以下三原则的（隐含）知识（Davidson，1986：161）：

1. *第一意义是系统的*。一个称职的说话人或听话人能够根据话语部分的语义特征和话语结构来解释自己或他人的话语。要做到这一点，话语的意义之间必须有系统的联系。

2. *第一意义是共享的*。为了使说话人和听话人能够成功且有规律地进行交流，他们必须共享同一种理解方法。

3. *第一意义是受固有惯例或规则支配的*。说话人或听话人的系统知识或能力是在进行理解之前获得的，其特征是具有规约性。

鉴于一种可行的语言无疑须由相互系统关联的部分组成，第一个原则是有道理的，即第一意义是系统的。同样，要进行交流，每个参与者都必须使用相同的理论来理解所使用的语言，因此第二个原则也成立，即第一意义是共享的。然而，戴维森坚持认为，解读语言的方法并不像第三个原则所说的那样，是在交流之前就获得的，因为这明显意味着，如果说话人处理的事件超出了其既有的理论储备，那么他将没有能力处理该事件。然而，说话人通常都有能力处理这样的事件。根据戴维森（Davidson，1986：166）的观点，这时的情形如下：

> 听话人在听到话语时自带一种理论，这个理论可以告诉他（或
> 者他认为可以告诉他）说话人随机说出的话是什么意思。而说
> 55 话人在说话时认为自己想表达的意义能够以特定的方式被理
> 解，也期望听话人正是这么理解的。事实上，这种理解方式并
> 不在听话人自带的理论范畴内，但说话人还是能够被理解；因

为听话人调整了自己的理论，使之符合说话人想要表达的意义。说话人就这样“侥幸成功”了。

为了解释说话人是如何侥幸成功的，戴维森提出了他称之为（Davidson，1986：167）“一个可以描述整个过程的高度简化和理想化的方案”（Davidson，1986：167-168）：

> 听话人在话语过程中的任何时候，都有一个我坚持称之为理论的东西……我假定听话人的理论已经根据他目前掌握的证据进行了调整，这些证据包括：对说话人的性格、衣着、角色、性别的了解，以及通过观察说话人的语言行为或其他行为而获得的所有相关信息。在说话人说话的过程中，听话人就在调整自己的理论，琢磨新名词可能的意思，调整对常见谓词的理解，并根据新的证据修改之前对特定话语的解读。

而在说话人的那一边，情况是这样的（Davidson，1986：168）：

> 说话人想要被听懂，所以他决定用特定的方式进行表达，好以特定的方式被理解。为了判断他将如何被理解，他形成，或使用了一幅图，这幅图能够说明听话人准备进行理解的思路。这幅图的中心是说话人心目中听话人会以之为理解起点的理论。说话人的说话方式倒不一定非要促使听话人去应用这一既有理论；但他可以刻意引导听话人修改他的既有理论。但是，说话

> 人对听话人既有理论的看法与他所说的话，以及他所要表达的意义并非毫无关联。如果他想要被听懂，重要的一点就是要持续关注听话人的既有理论。

所以，说话人和听话人各自使用的是（1）既有理论（prior theory）和（2）临时理论（passing theory）。对于说话人而言，既有理论是他或她心目中听话人的既有理论，临时理论是他或她意欲让听话人使用的理论。对于听话人而言，既有理论是他或她为了理解说话人而事先准备的理论，而临时理论是他或她在最终碰到的情况中所使用的理论。于是乎，当交际成功时，说话人和听话人实现了临时理论的汇聚，而不是既有理论的汇聚。因此，“我们可以说，语言能力是一种可以不时地实现临时理论汇聚的能力”（Davidson，1986：173）。

既有理论和临时理论都不符合上面列出的第三条原则。根据该原则，第一意义受固有惯例或规则的支配：“说话人或听话人的系统
56 知识或能力是在进行理解之前获得的，其特征是具有规约性。”由于这两种理论都需要根据每次碰到的新情况做出调整，而且还可能需要随着情况的发展进一步调整，因此它们无法被规约支配。唯一能指导（而非支配）它们的仅仅是大量的随机事件，而这些都很难称得上“规律”。这些所谓的规律涉及说话人、听话人、类似的角色，以及他们之前使用过的语言和听别人使用过的语言。这种对语言的理解有别于许多语言学家和语法学家（实际上，我就经历过一位著名的语言学家在我正介绍戴维森的观点时从研讨室离席的情形，当时我谈到的观点是，戴维森说语言这种东西并不存在；见下文）。然

而，这也是一种对语言的理解，它可以很有效地解释人们对诗歌语言和实验性语言艺术的欣赏。根据该理论，“如果两个人要通过言辞相互理解，那么他们需要的是能够根据不同的话语实现临时理论汇聚的能力”（Davidson，1986：172-173）。戴维森总结说（Davidson，1986：174）：

> 如果按照许多哲学家和语言学家所设想的语言来看，语言这种东西压根就不存在，因此也就没有了这种东西需要人们学习、掌握，或天生具有。我们必须放弃那种认为语言使用者可以习得某些定义明确的通用结构并根据情形加以运用的想法。我们从未搞清楚过规约与语言之间有什么重要联系；或者在我看来，我们根本不应该再试图诉诸规约来阐明交流的过程。

从翻译行为的视角以及我们对翻译的理解来看，我认为没有什么比戴维森这种对意义和语言的阐述更具解放性的了。在该阐述中，意义既不是词语或短语的属性，也不是言语交际者的心理状态。相反，意义可以靠相当正式的功能概念或者更方便使用者的关系概念来进行理论化或模型化。我们可以说，如刘易斯（Lewis，1983：194）所主张的那样，语言交流是一种功能，是一个从价值观到意义的过程，包括说话人、听话人、时间、地点，以及一系列更为广泛的环境因素；或者我们可以说，意义是存在于所有这些因素之间的一种关系。在这两种情况下，意义会像它出现的时刻那样转瞬即逝，会像关系中各种因素的临时组合那样独特且不可重复。因此，无论是在同一种语言中，还是在另一种语言中，意义都是不可重复的。从翻译研究的角度来看，这种见解颇具解放性。意义永远不会相同；但是在不同语言之间进行交流的时候，临时理论或许会实现重合，或者多少会有些接近。

如果是通过翻译进行交流，那么至少存在三个参与方：作者、译者和译文的预期读者，每个参与方都有自己的既有理论和临时理论。作者和读者接触到的实物至少涉及两个文本，也就是原文和译文。就原文而言，作者与译者的临时理论没有重合的障碍，而就译
57 文而言，译者与译文读者之间的临时理论也没有重合的障碍，那么，首先是作者与译者的临时理论发生重合，其次是译者与译文读者的临时理论发生重合。但这并不意味着作者和译文读者的临时理论也会碰巧重合，因为译者至少有三种策略可选：

（1）译者可以努力地在作者对原作的理论和读者对译作的理论之间创造出临时理论的某种重合，尽管这些临时理论曾一度被消除。有时，译者只能通过使用与原文和译文的语言系统都不那么密切关联的词语来实现这一点，例如，蒂娜·努纳利（Tiina Nunally，1993）将彼得·赫格（Peter Høeg）的小说《斯米拉斯·福内梅尔塞的弗罗肯》（*Frøken Smillas fornemmelse for sne*，1992）第 15 页出现的丹麦小镇斯坎德堡（Skanderborg）翻译成了“丹麦一个中等规模的偏远城镇”（见译本第 8 页）。斯坎德堡的确是这样一个地方，但它显然并不叫这个名字。译文读者或许没有丹麦语读者对斯坎德堡这个地方（可能会产生）的感觉，所以译者这么做，能够让译文读者获取到这样一个概念。

（2）译者可以积极地在作者对原作的理论和读者对译作的理论之间寻求临时理论不重合的状态。下面是玛丽·豪伊特（Mary Howitt，1799—1888）在翻译安徒生（1839）作品时的一个例子：

'Nu skulle vi hævnes!' sagde de.

'Ja vist!' sagde Storkemoderen. 'Hvad jeg have udtænkt, det er just det rigtige!'

上面的对话可以在字面上解释为"他们说复仇的时候到了。鹳妈妈说是的，当然，我一直就是这么计划的，这是对的事情"。豪伊特的译文是（Andersen/Howitt，1846：126）：

"现在让我们复仇吧，"他们说。

"别再谈复仇了，"母亲说。"听我的，这样好得多。"

玛丽·豪伊特在这里把对原文的理解搞错是讲不通的。她做出这种非标准的翻译选择，应该是考虑到了别的因素——很可能是希望避免让维多利亚时期的英国儿童在故事中读到复仇的欲望，特别是被一位母亲认可，甚至要合谋去实现的复仇欲望（Malmkjær，2004）。

（3）译者的第三种选择是让读者去做他们理解文本所需的研究，或者假定有一个知识渊博的读者群，他们不需要帮助就可以理解作品——就像我们在第二章中谈到的阿诺德（Arnold，1861）鼓励译者去设想的那种读者。对于这样的读者，译者可能只需要根据译入语进行必要的调整就可以。这种做法很少，但有时可能会为了实现精准性而用于法律翻译当中（Wolff，2011），甚至文学翻译里也能见到（Schwartzan de Lange 2006：13）。

戴维森的理论正是我们需要的那种理论，它关注的核心是人和人的多重观念（人们认为正确的东西），以及人（通常）想要理解他人的意愿及其多少能够成功理解对方的能力。这一理论也与罗斯·施瓦茨（Ros Schwartz）翻译米雷尔·甘塞尔（Mireille Gansel）时表达出的那种鼓舞人心的情绪完全一致，施瓦茨说："没有一个关于人的词是不可译的。"（Schwartz，2017：4）

但是，这一理论在实践中应用起来会怎样？它是否与我们所了解的翻译过程的语言处理相符？它是否与译者在翻译时的感受相符？为回答第一个问题，我将在下一节考察翻译过程中语言处理的相关研究，包括实证性研究和思辨性研究两方面。在第四章当中，我将探讨译者对其工作方式的描述，以期与本章谈到的这些研究进行比较。

3 翻译的语言处理

实证性研究

在好几十年的时间里，用来跟踪记录译者翻译过程的方法主要是有声思维法（think-aloud protocol，TAP），即研究者记录下译者对自己翻译过程的描述，之后再对这些数据进行分析。这类数据通常都是即时的（concurrent），但也有追溯性研究（retrospective studies），后者往往是口译受试者对自己口译过程的回忆（参见 Englund Dimitrova & Tiselius，2009 等）。在同声传译中，即时自省（concurrent retrospection）和口头报告显然不可能做到。尽管一些研究使用了逐句口译的模式，中间要求译者停下来对这句话的口译过程进行自省，然而，正如一位相关研究学者所说的那样，“逐句口译的实验条件过于人为化”（Ng & Obana，1991：368）。无论如何，本书的侧重点也并非口译研究。

内省法（introspective method）是由“实验心理学奠基人”威廉·温特（William Wundt，1832—1920）在心理学领域发展起来的研究方法（Börsch，1986：196），而翻译研究学者们在使用或提到这一方法时，常常认为他们受到的是埃里克森和西蒙（Ericsson & Simon，1980）的启发。该方法在翻译领域最初主要被用来收集译员——新手译员和专家译员——解决翻译问题的方案，更宽泛地讲，是收集他们翻译过程的相关信息（参见 Lörscher，1986；1987；1991 和 Krings，1986a；1986b 等），后来该方法也被用于揭示译者的校核和编辑策略（Krings，2001；Shih，2006；2015）。通过该方法收集到 59
的信息还被用来规范翻译过程，而这种做法后来常常被诟病为给没有问题的翻译过程植入解决问题的环节。克林斯（Krings，1986b：269）将翻译过程模式化为一系列的二元选择，聚焦的是翻译过程中译者遇到困难的部分，而没有问题的翻译过程则完全没有模式化，只是简单地表示为一条直线。这种只关注对译者具有挑战性的段落以及译者如何处理这些段落的做法，是这一时期研究所呈现出的特点。伯纳迪尼（Bernardini，2001）对有声思维研究及其进展进行了非常好的概述。在她看来，到她写论文时为止，人们已经用有声思维法完成了翻译过程研究第一阶段的工作，而第二阶段是否会继续下去，这将取决于翻译过程的研究者们能否掌握到更严密的方法论（Bernardini，2001：242）。事实上，内省法已经被更加先进的技术所取代。一般来说，人们认为采用这些新技术的方法对译者进行监测不太会影响他们的翻译过程，而相反地，有研究表明，要求译者在翻译过程中用言语表述自己的思想必然会对译者造成影响（参见 Krings，2001；Jakobsen，2003；等）。

20 世纪 90 年代初，人们开始尝试利用技术手段去客观地反映整个翻译过程的性质，而不再仅仅只关注翻译中有问题的部分。学者们也尽量避免采用译者对自己翻译过程的印象性描述，或者至少会用更严谨的方法以及对译者外部行为的独立观察来予以补充。这些研究也不再只局限于观察译者遇到问题时的情况，而是会观察译者在整个翻译过程中的表现。此类研究试图解决的根本问题是："译者是通过哪些可观察的思维过程完成了他们的翻译？"（Jakobsen，2017：21）——尽管从事该研究的学者们当然也认识到，对翻译过程的揭示只能通过翻译结果或通过该过程中发生的眼球运动、目光注视、键盘敲击等可见行为来进行。

在此框架下的一项早期研究（Shreve et al.，1993）测试了 10 名一年级的翻译硕士译员在三种情况下阅读电脑屏幕句子的速度：（一）学生被告知读完文本后需进行翻译，（二）学生被告知读完文本后需进行释义，（三）学生被告知读完文本后需回答相关问题。要阅读的句子在屏幕上是单独呈现的，受试者需敲击空格键删除当前的句子，下一句才会显示。电脑记录了每位参与者阅读每个句子所用的时间，参与者个人的总阅读时间除以每个句子中的单词数，就得到了该参与者阅读一个单词所用的时间。阅读时间最长的是翻译小组，其次是理解小组，最后是释义小组（Shreve et al.，1993：29）。这表明，每一组的阅读过程都不同于其他组，因为人们在阅读文本时都会为接下来要完成的任务做好准备——也许为翻译而阅读 60
是这三个过程中需要付出最多努力的。许多后来的研究都支持这一发现和假设。例如，马西佐和巴乔（Macizo & Bajo，2004）测试了 8 名专业译员阅读西班牙语句子所用的时间，这些句子是在电脑屏幕上逐字呈现的，要求译者读完一个句子后对其进行复述，或者读完一个句子后对其进行翻译（Macizo & Bajo，2004：187）。马西佐和巴乔发现，译者为翻译而阅读的时间（1427 ms）要比为复述而阅读的时间（862 ms）更长（Macizo & Bajo，2004：190）。

雅各布森和詹森（Jakobsen & Jensen，2008）使用 aTobii 1750 远程眼动跟踪仪记录并比较了 6 名翻译专业的学生和 6 名专业译员在阅读 4 篇长约 200 单词的英文报纸短文时的眼动、任务时间、注视次数和总注视时间，并将阅读任务定为：（一）为了之后进行翻译而阅读，（二）为了理解文本而阅读（Jakobsen & Jensen，2008：104－105）。专业译员的平均任务时间比学生译员短，但是两组为了翻译而阅读的时间都要比为了理解而阅读的时间长：在为了理解而阅读时，专业译员每篇文本平均用时 40 秒，学生译员每篇文本平均用时

61 秒；在为准备翻译而阅读时，专业译员每篇文本平均用时 57 秒，而学生译员每篇文本平均用时 103 秒（Jakobsen & Jensen，2008：108）。

谢弗等人（Schaeffer et al.，2017）的研究展现了阅读目的对阅读时间更为显著的影响。他们让 16 位经验丰富的译员将文本从英语（第二语言）译入德语（第一语言）(Schaeffer et al.，2017：31)，共需阅读 40 个单句，每句 10 到 15 个单词，每次呈现一句（Schaeffer et al.，2017：32）。所有句子均来自同一文本，但阅读时并未形成连贯的语篇（Schaeffer et al.，2017：28）。程序是这样的：

> 每位参与者会读到两个区块的 20 句话。在一个区块中，参与者需要为了理解而阅读。参与者被告知，在每一个要理解的句子展示过后，会出现一个验证句，他们必须通过按下应答键来验证该句的真假……。在另一个区块中，参与者收到的指示是需要在脑海中翻译句子，并且只有当脑海中的翻译完成时才点击应答键。

他们发现，为翻译而阅读的时间几乎是为理解而阅读的时间的两倍（Schaeffer et al.，2017：34）。

其他用于追踪翻译过程的方法还包括脑电图（EEG）、脑诱发反应电位（ERPs）、功能磁共振成像（fMRI）、功能近红外连续波光谱
61 （fNIRcws），正电子发射断层显像（PET）和直接皮层电刺激（García，2013：372-373）。有的研究侧重于单词翻译，这与译员的

日常工作有很大的出入，而其他一些研究则要求参与者翻译句子，这就与专业译员的日常工作更为相似。然而，在对专业译员认知过程进行的研究中，最贴切的是那些关注的文本长度超过句子长度的研究。加西亚（García，2013：376）简要地阐述了单词翻译、句子翻译和较长文本翻译之间的区别：

> 从认知角度来说，超句长（supra-sentential）文本翻译与句子翻译，尤其与单词翻译有着根本上的不同。超句长文本翻译涉及不断创造一个更丰富的语境来指导翻译决策，而单词翻译任务是去语境化的，可以仅仅通过调动词汇储备来予以完成。

加西亚回顾了一项 EEG 研究、一项 PET 研究（Rinne et al.）和一项直接皮层电刺激研究（Borius，Giussani，Draper & Roux，2012），前两项的研究关于超句长口译，最后一项研究关于笔译。每项研究关注的都是翻译过程中涉及的大脑区域。研究表明，对于惯用右手的人而言，大脑的左半球，尤其是布罗卡氏区（Broca's area），在翻译过程中占主导地位（García，2013：377），口头翻译（口译和视译）和书面翻译（笔译）均是如此，尽管我们“还需要更多的研究来揭示大脑右半球对翻译过程的贡献……尤其是对超句长文本翻译的贡献”（García，2013：379）。翻译过程中大脑左半球所起到的这种主导作用并不奇怪，因为左半球通常比右半球（对惯用右手的人而言）在语言行为中更为重要，即使对双语使用者也是一样（参见 Ardila，2018：274）。

内省性式研究意在挖掘译者认为自己正在做的事情，但这似乎与翻译过程中实际发生在译者思维和大脑中的情况相去甚远，因为译者显然是凭印象对信息进行了过滤。脑成像研究关注的是译者大脑中实际发生的情况，而这又似乎与译者自己的印象相去甚远，无法揭示译者的思维中发生了什么。当然，正如塞尔（Searle，1984：28）很久以前所指出的那样，思维过程是“由大脑元素的行为引起的”，但是，考虑到我们都倾向于体验，或者至少认为我们能够体验自己在某种程度上的意识活动，所以我们很难接受大脑元素的行为就是思维的全部这一说法。然而，最近认知心理学，亦即心理科学，与神经科学，亦即脑科学相结合，形成了“一种新的生物学思维研究方法”（Kandel，2018：4）。在这种方法中，塞尔的大脑归结
62 说（见上文）被新的身份说所替代：“我们的思维是大脑运行的一套过程。”（2018：4）采用这种方法，我们既可以跟踪翻译过程中译者大脑里发生的事情，也可以据此洞察译者的思维。

然而，通过影像学研究认定的大脑/思想活动类型仍然很难与译者在翻译过程中所意识到的或能够意识到的实际思维活动联系起来。为了在后一类活动的基础上形成对翻译过程的假设，对译者的键盘敲击行为和目光注视行为的追踪已经成为一种普遍做法。从这些活动中获得的数据可以理解为介于神经成像数据和有声思维数据之间的一种数据，与后两者一样，它是在翻译的瞬间（广义的“瞬间”）收集的，但是与有声思维法不同，这种方法可以在不干扰翻译过程的情况下收集数据，因为它不需要让译者在工作的过程中同时阐述自己的行为，也可以避免译者对自己经验的过度阐述或错误记

忆。与神经成像一样，它与译者的行为有关，但与神经成像不同的是，它追踪的是译者自己掌控的行为（键盘敲击和目光）。

追踪译者键盘敲击行为的方法开发于 20 世纪 90 年代中期。Translog 是 1995 年的时候为磁盘操作系统开发的一款程序，随后，1999 年又出现了为 Windows 系统开发的一个新的版本（Jakobsen & Schou，1999）。2006 年，拉丝·肖乌（Lasse Schou）和奥列格·什帕克夫（Oleg Špakov）为了将目光注视数据纳入该程序而进行了重新编程，并在 2011 年由迈克尔·卡尔（Michael Carl）开发了第二个版本（Jakobsen，2017：36）。借由这些工具，我们对翻译过程有了许多的了解。研究显示，翻译与写作和阅读有着本质上的区别，最明显的不同在于，译者需要处理两个文本，一个是待译文本，另一个是进行中的译文文本，所以他们的目光会在两个文本之间来回移动（Jakobsen，2017：34）。正如雅各布森（Jakobsen，2017：21）所指出的那样，通过对目光注视和键盘敲击行为的双重追踪，我们可以获取译者阅读和写作过程的证据以及协调这两个过程的证据。这种追踪有力地表明，翻译在认知上的要求比阅读更高。这或许并不令人意外，但却值得深入研究，毕竟有人认为翻译对于双语使用者来说是一项较无障碍的活动。然而，我们并没有从雅各布森（Jakobsen，2017）的研究中获得太多关于翻译过程本身的信息，而谢弗和卡尔对此有所观察（Schaeffer & Carl，2017b：147）。两位学者提醒我们，这里谈到的大多数研究都有一个重要的假设，即在翻译过程中，两种语言系统是同时处于活跃状态的（Schaeffer & Carl，2017b：122）。这一点也许是将翻译和口译活动区别于双语使用者可能从事的其他任何语言活动（有意的代码转换情况除外）的最重要的因素，因为在从事其他语言活动的时候，双语使用者往往会尽可能地将自己的两种语言分开。当一个双语人士使用他/她所掌握
63 的一种语言时，“正常”的状态是抑制另一语言“以避免干扰”（Paradis，2004：28）。而在翻译的过程中，情况显然恰恰相反：为得出最恰当的译文，另一种语言必须被激活；但同时也要做到避免干扰。

干扰有两种。首先是静态干扰，指的是双语使用者在使用一种语言进行表达时，话语中可能会含有某种偏离元素，这种偏离元素通常都来自另一语言，但也可能是两种语言的混合形式。还有一种干扰是动态干扰，指的是双语使用者在语言表现上出现错误，“也就是说，双语使用者在理解一个英文句子的时候，法语元素会无意中入侵”（Paradis，2004：188）。从认知导向的翻译研究视角来看待动态干扰会尤为有趣，因为它说明了译者无法在自己掌握的两种语言系统之间（或一种语言系统的不同区域之间）保持适度的平衡，哪怕只是暂时性的。帕拉迪斯（Paradis，2004：188）又指出，幸运的是，如果时间允许，译者一般都会纠正动态干扰，而在实际情况中，这通常意味着这些译者从事的是笔译而非口译工作。如果以专业译员为研究对象，详细地观察他们是如何纠正动态干扰的，这会对揭示翻译过程大有帮助。翻译过程始于翻译行为发生的那一刻，亦即上文第二节所说的第一意义产生的那一刻。这方面的研究业已取得了一定的进展（参见 Shih，2006；2013；2015）。

帕拉迪斯（Paradis，2004：189）认为，“我们最佳的工作假设……

是双语大脑与单语大脑的运作在本质上并没有什么不同”，他还提到了任何正常的语言使用者都可以随意支配并较轻松地切换语域这件事。然而，人们还是希望能够解释（a）与（b）之间的差异：（a）一句话从英语正式语域转到法语非正式语域且含义基本不变，（b）一句话从英语正式语域转到英语非正式语域且含义基本不变。上述的翻译过程研究为译者行为的诸多方面提供了大量的证据，在方法论上也确实达到了伯纳迪尼（2001）所呼吁的严密度。然而，研究翻译过程语言处理的方法和工具十分繁多，而且这类研究也较易受到语种的制约（Schaeffer，2018：281-282），这可能会让人们无法把这方面的已有研究看作一种完全连贯的范式。

思辨性研究

我在上一节中谈到了帕拉迪斯的观点。他认为双语使用者会通过抑制自己的某一语言来避免对另一语言的干扰，这一观点不太符合实际翻译（特别是口译）过程中发生的情形。因为在翻译过程中，译者显然需要在语言的抑制和激活之间达到一个平衡。就像图 64
里（Toury）所强调的那样（Toury，1995：274-279），翻译的充分性需要“干扰”，译者需要掌握原文的影响程度，需要对原文有着清醒的意识，并且将这种干扰控制在译文文本可接受的范围内。翻译所涉及的两种语言系统处于一种相互影响和相互独立的状态，译者需要在这两者之间取得平衡，这或许就是通常所说的翻译能力（translation competence）的一大部分。根据什里夫（Shreve，2002：154）的说法，翻译能力这一术语“代表了一个人想要成为一名译者所必须了解的一套学术见解的大杂烩（言外之意是，一个人必须学会，或被教会的东西）”。皮姆（Pym，2003）在一篇有趣甚至有些刻薄的文章中，将这一套大杂烩分成了四个主要类型：（一）语言能力的总和，（二）其他概念的转化，（三）多个组成部分，（四）“只是一件事情”。科勒（Koller，1979：40，斜体保留自原文；另见 Pym，2003：483）举例说明了语言能力的总和是什么，补充了翻译中所涉两种语言的“Sprachkompetenz”（language competence，语言能力），原话是这样说的：“die Fähigkeit，die *Kompetenzen* in zwei Sprachen so miteinder zu *verbinden*，daß adequate Übersetzungen entstehen”，即“将两种语言*能力结合*起来生产出合格译文的能力”。威尔斯（Wilss）对“其他概念的转化”进行了论述。他在发表的一系列研究中谈到了陈述性知识和翻译过程知识（Wilss，1988）、熟练程度（Wilss，1992）和代码转换问题（Wilss，1996）。在谈及“多个组成部分”这一点时，皮姆（Pym，2003：485）引用了哈蒂姆和梅森（Hatim & Mason，1997：204-206）关于源文本处理、传输和目标文本处理的论述，认为每一部分都涉及一定的技巧。而在谈到“只是一件事情”时，皮姆引用了图里（Toury，1984）的“转换能力”概念（transfer competence），指出该能力需要特定的社会化模式。最后，皮姆还补充了自己的见解，认为翻译能力包括两项技能（Pym，2003：489）：“为相关源文本（ST）生成一系列可行的目标文本（TTI，TT2... TTn）的能力”和“从这系列文本中快速、合理地选择出唯一可行的版本的能力”（另见第二章）。

对这个问题的看法，我借鉴上文讨论过的戴维森的理论，列了一个清单，描述交谈者在使用一般意义上的同一语言进行对话时，交流成功（指临时理论实现汇聚）所依赖的因素（Malmkjær，1993：143）：

因素 1：说话人对听话人的了解

因素 2：说话人对话语（书面或口头）之前用法的了解

因素 3：听话人对说话人的了解

因素 4：听话人对话语之前用法的了解

因素 5：语境（Context，话语事件的非语言环境）

因素 6：共语篇（Co-text，话语事件的语言环境）

戴维森的语言互动理论运用于翻译案例中的模式如表 3-1 所示。

表 3-1　一种翻译模式(基于 Davidson，1986) 65

	既有理论	临时理论
作者	关于预期读者如何事先准备好理解作者话语的理论	作者希望预期读者在现有情况下理解自己话语所使用的理论
实际读者	实际读者如何事先准备好理解作者的话语	实际读者在现有情况下理解作者话语所实际使用的理论
作为读者的译者	译者/读者如何事先准备好理解作者的话语	译者/读者在现有情况下理解作者话语所实际使用的理论
作为作者的译者	关于译文读者如何事先准备好理解译作的理论	译者希望译文读者在现有情况下理解译文所使用的理论
译文读者	译文读者如何事先准备好理解译作	译文读者在现有情况下理解译作所实际使用的理论

根据我们对翻译阅读的了解（见上文），译者的阅读方式不能被

默认为与其他读者是相同的，这一点在我基于戴维森（Davidson，1986）的理论提出的表 3-1 的模式中有所体现（Malmkjær，1993：145）。因此，表 3-1 中的“实际读者”（为了区别于“作者的预期读者”而进行的标识）与“作为读者的译者”其实是不同的。虽然情况不总是如此，但是，译者通常都要比普通读者更了解关于作者的信息，或者可能比普通读者更了解作者其他方面的信息。例如，根据哈维尔出版社（Harvill publishers）的吉多・沃尔德曼（Guido Waldman）的说法（私人交流；转引自 Malmkjær n. d.：4-5），1993 年在英国出版的彼得・赫格（Peter Høeg）的小说《斯米拉小姐的雪花情结》（*Miss Smilla's Feeling For Snow*，1992），译者署名为 F. 大卫（F. David），但其实真正的译者是蒂娜・努纳利（Tiina Nunnally）。这里的署名译者其实是出版商与作者的混合体，因为“努纳利女士在看到我们对译作进行的某些修改后，决定把她的名字从我们的哈维尔版本中去掉。虽然这些修改都得到了作者及其丹麦出版商的同意，但是译者却没有全部接受”。显然，作为作者以及对这部在英国出版的译本有所贡献的人，赫格对自己最为了解，可是准确而言，她并不是这部作品的自译者（self-translator），因为英国出版的译本仍然是以蒂娜・努纳利在美国已出版的英译本为基础的。而反过来讲，真正的自译者，如约瑟夫・康拉德（Joseph Conrad）和塞缪尔・贝克特（Samuel Beckett），他们对自我的了解程度可能是其他译者所无法企及的。当然，这些都属于特殊情况。总而言之，如果译者翻
66 译的是书籍或文章，他们往往会去了解作者的信息，如果翻译的是普通的商业内容，他们也会去了解客户的信息（另见第二章和第四

章）。而且，译者的既有理论和临时理论也很可能不同于普通读者的既有理论和临时理论。

很明显，与非翻译案例相比，作者的临时理论与译文读者的临时理论相重合的可能性大大地降低了，因为译者作为读者，首先要理解作者的话语，然后译者又要作为作者，预想译文读者对理解译文所做的准备程度，并且希望读者能够以某种特定的方式来理解译文，同时也希望译文能够呈现出这样的效果。译者要如何完成这些复杂的读者/作者活动呢，不是以翻译为目的的阅读活动，也不是写作活动，而是*翻译活动*本身？在本章的最后一节，我将为实现该目标提出一条建议。

4　如何做好一名译者

正如上述实证性研究和思辨性研究共同表明的那样，翻译不仅仅是阅读和写作。任何正常的成年人都可以学习阅读和写作，任何正常的成年人也都可以学习两种语言，但并不是所有的双语使用者都能轻松、自愿，或者表现不俗地进行翻译，这是学者们公认已久的观点（Koller，1979：40；Toury，1984；Valdes，2003）。如前所述，一些学者认为，如果双语使用者拥的是两套语言系统，那么翻译时则需要在两者之间进行精细的平衡，或者在一种语言系统中进行复杂的选择，只有这样才能避免原文对译文的干扰。要实现这种平衡是需要时间的，而这些时间又花在什么地方了呢？

在上一节中，我借助一个模式概述了在译文的产出过程中，作者、译者和读者各自的计划、希望和期待之间复杂的相互作用，而这些因素其实很少全部被参与者们意识到，他们甚至连想都没想过这些问题。之所以如此，主要因为作者可能并没有（尽管有些作家也会）想到自己的作品被翻译；或者就算想过自己的作品会有译本，作者也不太可能会对这一过程有太多的投入，尤其在作者不懂译入语的情况下。上面提到了一些积极参与自己作品翻译的作家，比如赫格，比如自译作家塞缪尔·贝克特，还有介于这两种情况之间的豪尔赫·路易斯·博尔赫斯（Jorge Luis Borges，1899—1986），据说他也积极参与了译者的工作（Di Giovanni，2003）。布里格斯（Briggs，2017）从译者的视角对翻译过程进行了有趣的阐述。布什（Bush，2006：25）也对自己的翻译阅读感受和翻译过程感受进行了细致的描述：

> 译者的阅读不同于普通读者的阅读，哪怕后者对某领域非常了解和投入。译者的阅读以在另一种语言和文化中重写某文本为
> 67 目标，而新的文本将被当成原创作品来阅读，因此，译者会在原文和译文之间不断徘徊，一稿又一稿地修改。在这一稿稿的翻译和改写过程中，译者要一遍又一遍地阅读作者所写的文字：译文是译者与作者的文字密切沟通之后的产物。

下一章将通过列举译例的方式来讨论创造性翻译，但是在此之前，我要在本章的最后一节，概述一项我认为译者应该秉持的前提，或

者至少是一种对处理原文有所裨益的态度，这种态度或许会有助于提高创造性译文的产出概率。

图 3-1 的模式告诉我们，如果想要实现临时理论的汇聚，（在最低限度上）需要非常了解参与者们及其目的，还要熟悉至少两门语言、上下文（context）和共语篇（co-text）（详见 Malmkjær，1993：145）。但是，如第二章所述，对于一个译者而言，这些显然还不足以解释为什么不同译者会就同一原文产出不同的译文，或者，为什么同一译者在不同时间完成的译文也可能有所不同。那么，除了诸如皮姆（Pym，2003）提的那些翻译决策选项之外，是什么关键因素在对译者的决策起着决定性的影响呢？

在我看来，译者决策过程中的这个额外因素可能与斯克鲁顿（Scruton，1974/1988：ch 10）所说的美学态度（aesthetic attitude）非常相似。这里的美学态度不同于品味，也不同于“口味判断”（Scruton，1974/1988：137），譬如说“这个猪排很好吃”。在大家品味不同的时候，可以用“至少我喜欢”这样的表达来缓解意见的分歧（斯克鲁顿举的例子是草莓怎么吃更健康）。再例如，对于想吃猪排的人来说，一份猪排套餐可以同时满足这个人对于猪排和对于比如一品脱栗子味啤酒的渴望。假如想吃猪排的人同时还口渴想喝啤酒，而一旦喝不到啤酒的话，这个人对猪排的渴望也会随之消失。相比之下，美学欣赏（Scruton，1974：143）是“对事物*本身的享受*”，而不是为了实现某个进一步的目的。对事物 X 本身感兴趣指的是（Scruton，1974：148）：

> 持续地渴望听到、看到或以别的方式体验到 X，对 X 的这种渴望不是因为它能满足其他的渴望或欲望，这种渴望只有在想到 X 的时候才会产生。……如果我对 X 本身感兴趣，那么在回答“你为什么对 X 感兴趣”这一问题时，我会表达脑海中让我持续产生兴趣的原因——换言之，就是我会对 X 进行描述。

翻译可以被视为这种描述。或许，翻译阅读之所以比其他类型的阅读更费时，至少有一部分原因就是译者用了美学态度来处理原文，这种态度对待原文的细致程度，就好像译者只对原文本身感兴趣，而且译者同时还要具备翻译/描述原文所需的知识。尽管用美学态度处理原文对译者来说十分重要，但是考虑到翻译的任务性，光有美
68 学态度显然还不够，这种态度不能独立于翻译任务而存在，也离不开进行翻译/描述所需的知识。如果一个译者翻译了各种各样的文本，那么这位译者对原文采取的美学态度可能不纯粹是因为原文的特点和原文对他/她产生的影响，也可能仅仅是因为翻译的任务性。当然，在有的情况下，译者可能会单纯因为自己对原文的感情而进行翻译。在这个时候，译者的状态非常独特，就像凡高笔下的向日葵的倾慕者一样。这时的译者能够在原作的基础上创作出另一个不是复制品的文本。尽管新的文本与原作有着密切的关系，而且像其他所有的创造性劳动一样，该文本的创作过程也带有复制的成分，但是，该作品却是独一无二的、是原创的。

我认为，如果译者对原文采取的是美学态度，那么将更有可能产出创造性译文。相比原文的语言，译文的语言是新的，所以肯定

存在更新（renewal）；又由于译文是在原文的基础上产生的（无论这一基础如何松散），所以肯定存在复制。基于这些原因，采取美学态度翻译一个文本很可能就构成了一项创造性活动，会为世界上带来前所未有的新事物。然而我们需要注意：对原文的美学态度本身并不能确保译者必然会产出创造性译文。我会在第四章第五节对此加以说明，而第四章的主要内容是关于译者对自身工作的看法。我将通过考察译者的相关阐述来证明自己关于美学态度的论断。

| 第四章 |

翻译行为与翻译作品中的创造性

1 引言

在第三章，我讨论了翻译过程的实证性研究和思辨性研究，这些研究的一个共同发现是：为了翻译（在标准意义上涉及两种不同的语言）而进行的阅读比为了其他目的而进行的阅读耗时更长。这意味着，翻译要求译者采取不同于阅读和写作的方式来进行工作。在我看来，这对于我们理解翻译至关重要，因为它告诉我们，不应该把翻译概念化为一种受某个先在文本影响的创意写作。翻译在为世界带来新事物的同时，也像所有的创造性活动一样，“在它的核心存在某种形式的复制”（Rehn，2011：137）。布里格斯指出，译者是“基于他人写作的写作者”（Briggs，2017：45），但也正如第三章的讨论所表明的那样，翻译不是一个先读后写或边读边写的过程（无论它是不是创意写作）。翻译有自己的过程，而且这个过程具有创造性。 69

在第三章的结尾，我提到译者会对原文采取罗杰·斯克鲁顿（Scruton，1974/1988：ch 10）所说的美学态度。美学态度给予事物的注意力是因为事物本身，没有其他的考虑和目的。我在第三章中也谈到，如果一个译者对原文采取的是美学态度，那么斯克鲁顿所说的描述性特征从一开始就是该态度的一部分。也就是说，如果人们被问到为什么会给予某事物美学关注，他们会通过描述该事物来回答这一问题。我认为翻译就是这样一种描述。斯克鲁顿主要讨论的是（精美）艺术品，但是美学态度适用于任何现象，因此也包括待译文本。对原文采取美学态度，很可能会激发译者产出第一章和第二章所谈论的创造性意义上的创造性翻译，因为要回答为
70 何会对原文持美学态度这一问题，本身就要对原文进行描述。第一章和第二章谈论的创造性，借鉴的是雷恩的观点（Rehn，2011：137），他认为“所有创造性的核心都存在某种形式的复制”。该观点也与布里格斯（Brigg，2017：45）将译者视为“基于他人写作的写作者”的观点相吻合。在这一章中，我想论证的是：对原文采取美学态度很可能会促进创造性翻译，第一章和第二章谈论的那种创造性。首先，我将介绍译者们对各自处理原文的方法进行的陈述，再分享自己的一个短文翻译经历，然后分析一组对原文缺乏美学关注的译文。最后将论证创造性翻译的多样性以及原文和译文之间的关系，这种关系也可能是美学态度带来的。

2 对原文的美学关注

布里格斯（Briggs，2017：230）指出：

可以有各种各样的动机促使你去重复一件事情或一样东西，只不过这次是你自己掌控、自己行动。或许是因为你想要一个自

> 已的版本，也可能是其他人需要一个你的版本。这样做可能让已有的版本更靠近你，或是让你更靠近它。这样做可以更好地理解已有版本的现状和历史，也可以借由创造新的知识和理解来赋予已有版本不同的表现形式或意义。这样做也可以是一种消遣。

至于是上述原因或别的原因中的哪一条促使本章将要谈论的译者们去从事翻译工作的，他们每个人都有自己的说法，这些说法也解释了他们为什么会那么细致地对待原文。我认为，这些译者的做法表明他们对原文采取的是美学态度（同时也掺杂了必须完成翻译任务而带有的功利性），而本节的讨论，正是要用我认为有力的证据来证明美学态度在翻译中的重要作用。

我们从詹姆斯·斯特拉顿·霍姆斯（James Stratton Holmes，1924—1986）谈起。人们引用霍姆斯，更多的时候可能是因为他命名了翻译学并且对该领域进行了总结梳理（Holmes，1972/1988），而不是因为他的翻译实践经验及相关讨论。霍姆斯（Holmes，1968/1988：15-16）在细致分析了意象、语义以及声音效果之后，介绍了他翻译荷兰语作家保罗·斯诺克（Paul Snoek，1933—1981）一首诗的情形。这首诗的题目是《乡村风景》（Rustiek landschapje），诗的开头如下（Holmes，1968/1988：20）：“De ganzen zijn net onze tantes/zij waggelen en wandelen/en worden watertandend/in de modder oud”（The geese are like our aunts / they waggle and walk / and become, water-toothed, / in the mud old，鹅就像我们的阿姨/它们摇摇晃晃地走着/牙齿在水中 71

变软/自己在泥中变老）。霍姆斯解释说（Holmes，1968/1988：15－16；斜体保留自原文）：

> 这首荷兰语诗歌的一个基本做法是将 *ganzen*（*鹅*）和 *onze tantes*（*我们的阿姨*）并置，用了 *waggelen*，*wandeln*，*worden...oud* 这类词语进行描述。Kwakende 这个词也同时适用于“鹅”和“阿姨”。这些被并置与融合的意象……因为复杂的头韵和行内押韵操作而倍显声音效果。

在霍姆斯的译文中，鹅换成了鸭子，阿姨换成了姨子，出来的译文是“鸭子就像我们的姨子”（Holmes，1968/1988：15）。[①]霍姆斯之所以这么做，是因为像上文那样的直译缺乏“荷兰语声音效果的复杂性”。选择“姨子”的灵感来自希望通过“鸭子……姨子”来模仿“ganzen...tantes”的声音效果（Holmes，1968/1988：16）。

霍姆斯翻译的是一位与他差不多同时代的诗人，而约瑟芬·巴尔默（Josephine Balmer，1959— ）翻译的则是古典诗歌（Balmer，2004a，b；2009；2013）——霍姆斯（Holmes，1971/1988）称之为“跨时代”的翻译。巴尔默的译文之所以在创造性方面脱颖而出，不仅是因为（其实完全不是因为）跨时代这一点，甚至也不是因为她翻译的原文都是支离破碎的，而是因为她给予了原文细致的美学

---

① 霍姆斯对该句的英语译文是“The ducks are like our cousins”。在这里，霍姆斯把荷兰语原文的 tantes（aunts）换成了 cousins（把“阿姨”换成了“表姐”），目的是要取得与原文相似的音效。本书译者此处暂译为“鸭子就像我们的姨子”，目的是大体再现霍姆斯在翻译时通过换词来实现特殊音效的尝试。

关注。例如，她曾谈到自己翻译的第 16 个片段，该片段是为了致敬希腊诗人莱斯博斯的萨福（Sppho，c. 630－c. 570）（Balmer，2013：87-88）：

> 我希望我的英语译文能够尽可能地反映写在古老莎草纸上的希腊诗，即使这意味着要在译文的核心处留白……尽管如此，我还是决定把那些说了一半的话补充完整，完成对它们较为精确的修订……为了不使英语译文分崩离析到超乎必要的程度……我想突显……第一节中军队的整齐列阵、第二节中修辞和重复的手法、第三节中海伦（Hellen）最后的举动带有的动感和力度、第四节中在场/不在场的安娜托利亚（Anactoria），以及第五节中步兵闪闪发光的盔甲被安娜托利亚明艳动人的脸庞映衬得黯然失色。我想捕捉这首诗在当下、在遥远而神秘的过去，以及在刚刚发生的瞬间中几近梦幻的跳转。这首诗还有另一个重要的因素，那就是语域上的变化：从“随心所欲”的性别泛化到精准的修辞范例，譬如，在用概括而又具体的描述语结尾之前，来一句“完全有可能把这一点说清楚/告诉所有人”；这是对莉迪亚（Lydia）军队精准性的呈现和对失落的安娜托利亚的想象。

我详细地引述了巴尔默（Balmer，2013）的这段话，是为了说明她在 72
翻译时对原文细致入微的关注——这就是她的美学方法。此外，她还代表了译者对创新的追求，这一点从她对自己翻译奥维德（Ovid）

的讲述中就可以看出："借用奥维德诗歌中的角色棱镜，我们或许可以为英语诗歌和小说中已经挖掘殆尽的题材提供一些新的视角和想法。"（Balmer，2013：209–210）

史蒂夫·埃利斯（Steve Ellis，1952— ）在翻译但丁的《地狱篇》（*Hell*）时也表现出了对原文类似的痴迷（Ellis，1998：63），他说他的翻译动机是"想在英语中再现但丁作品那种活泼、口语化、形象生动和活力四射的感觉"。他还不无讽刺地补充道："如果你试图翻译一部将近 5000 行的作品，那么最好还是有点使命感。"他还说：

> 我的主要目标是再现原文贯穿前后的说话声音，实现那种新鲜和直接的效果，并且保留作品中最吸引我的部分之一：主人公但丁给人的感觉。他是一个充满童趣又非常敏感的人物，一直在不断地追问和观察，处于持续的恐惧之中。

类似地，约翰·吉尔摩尔（John Gilmore，1956— ）翻译的动机是因为他不满意英国 18 世纪的诗人们翻译的拉丁语诗歌，从而产生了自己翻译的想法。他的这套译本"传达了原作诗歌与原作读者交流的感觉"。他说，"我翻译的诗都是我喜欢的，希望这个讯息得到了充分的传达，希望我的译文至少可以让一些读者相信，18 世纪的拉丁语诗歌文体是值得进一步研究的"（Gilmore，2007：xvi–xviii）。他的译作是以双语出版的，书中原文和译文并置，便于读者比较，也让一些有拉丁语基础的读者可以接触到原诗。

克莱夫·斯科特（Clive Scott，1943— ）讲述了他对原文的详尽分析，并且提供了带注释的翻译。例如他说，他把查尔斯·波德莱尔（Charles Baudelaire，1821—1867）的诗“Parfum exotique”翻译了两个版本，其中一个采用的是归化策略，另一个采用的是韦努蒂所提倡的异化策略（Venutti，1995）。在采用异化策略的那个版本中，他尽力保留了原文的下列特点（Scott，2000：26）：

> 首先，也是最重要的，是向英语读者传达法语诗行的韵律变化：十二音节的六部抑扬格，在第六个音节有固定的中间音顿。因为韵律/节奏重音（重读）在法语中是在词组的末尾，所以在第六个和第十二个音节上有固定的韵律重音，而且通常还有每半行一个、位置不定的两个重读。我在译文中完全遵循了波德莱尔诗行中的重音模式。

按照这样的原则，斯科特把这首诗的第一节翻译如下（Scott，2000： 73
28；此处我省略了斯科特关于阅读这首诗的图解和重音符号标注）：

> *A Perfume to Foreign Places*（《异域香水》）
>
> When, with both eyes closed, in the evening-warm, autumnal（当我闭上双眼，在温暖的黄昏，在秋天）
>
> I inhale the smell of your breasts' warm in-fold,（我闻到你胸部温暖的气味，）
>
> I see slowly unfurl longed-for far away coasts（看到缓缓延伸的

遥远海岸，充满渴望）

Dazzled by the glow of a sun unrelenting;（被太阳强烈的光芒弄得眼花缭乱；）

而他的第二个译本没有遵守原文的韵律变化，于是这一节诗歌的译文是这样的（Scott，2000：36）：

give me an evening, in autumn（给我一个傍晚，在秋天）
warm（温暖）
and I'll close my eyes, just so（我会闭上双眼，只为）
and take a lung full of the smell（满满地呼吸）
of your　　breasts（你　胸部的）
　　　　warm, yes, and warming（温暖，是的，暖）
and see faraway beaches, far away（然后望向遥远的海滩，遥远）
sun-drenched, sun-smitten, sun-haunted（被阳光包裹、被阳光击中、被阳光纠缠）

戴维·约翰斯顿（David Johnston，1996：58-59）注意到了诗歌翻译和戏剧翻译之间的相似性，他指出：

译者对剧的看法必然更接近观众，而不是更接近作者……任何考虑到表演效果的翻译，都必须通过对原文的戏剧分析来创造

> 出……一个生动的戏剧作品。……如果译者要在译作中再现原作舞台语言的诗学、风格、味道和色彩，……就必须能够将舞台语言的每一个元素都归因于……原作观众……“期待视野”中这些元素的力度、功能和位置……，以便在目标文本中重新创造出这种力度、功能和位置。这涉及对语言和文化的考量……只有通过这种全方位的考量，戏剧才能以其最初的效果被重新创作出来，或者有可能释放出新的效果。

这些例子都充分说明，对原文采取美学态度，意味着译者在翻译时不会试图去精准复制原文的所有特征。例如，诺斯鲍姆（Nosbaum，2006：122）说，他翻译《埃涅阿斯纪》（Aeneid）中关于帕里努鲁斯（Palinurus）命运的文字时，心里渴望着自己的译文“能够强化”他在原文中感受到的该人物的那种抒情特质，而正是这种抒情特质“让帕里努鲁斯的人物形象深入人心”。同样地，克利福德（Clifford，1996：266-267）认为，下面这句出自费德里科·加西亚·洛卡（Federico García Lorca，1898—1936）1936 年的戏剧《伯纳德阿尔巴 74
之家》（*The House of Bernard Alba*）的台词“*El que la contataba era un muchacho de ojos verdes，apretado come una gavilla de trigo*”（Clifford，1996：xxxviii；斜体保留自原文，该剧 1945 年在布宜诺斯艾利斯首次演出），如果按字面意思翻译为“雇用她的是一个长着绿眼睛，瘦得像一捆小麦的男孩”，就不会让人想到洛卡想要表达的那种性感的瘦，因为“现在小麦都捆成了长方块儿，或者是捆成了粗壮的圆柱，这种形象完全不符合我们的体验”。克利福德选择将这句话译为

“雇用她的男孩结实而强壮，长着一双绿色的眼睛”（第二幕）。就像这个例子告诉我们的那样，创造性翻译不必是通常意义上的“字面翻译”，不用既要遵守语法规则，又要在字面上与原文无限接近。

巴尔默翻译萨福的诗歌时拿到的原文是碎片式的（见上文），那是因为时间的跨度。而除了时间的影响之外，译者拿到碎片式的文本还可能有很多别的原因。例如，克劳丁·图尼艾尔（Claudine Tourniaire）讨论了“译者在翻译那些被审查的诗歌时可能会问自己的一些问题”（Tourniaire，1998：72）。首先，他会找出那些可能被（自我）审查的文本元素。例如，在希腊作家莱娅·加拉纳基（Rhea Galanaki，1947— ）的诗歌中，这些元素包括她那简要又残缺的句法和不连贯的诗行，以及“那些表达封闭或残缺的意象和符号”（Tourniaire，1998：72-73）。这种不连贯的重要性在其他时代和其他文化的读者中通常不易被察觉，但是图尼艾尔试图通过将它们译为多个英语和法语的版本来显示它们的重要性，而每个译本都有自己的暗语（1998：75-76）。相关的例子还有艾克西亚斯（Aixàs，2007：143）将詹姆斯·乔伊斯（James Joyce，1882—1941）的《安娜·利维亚·普卢拉贝尔》（Anna Livia Plurabelle）译入加泰罗尼亚语的情形。根据译者的陈述，她是先对已有的法语、西班牙语、意大利语和荷兰语译本进行了分析，然后才明确了自己翻译时要实现的目标：保留原作的节奏、元音特色、感叹词和疑问词。

有时，译者在读了译入其他语言的译本之后，可能会因此再去修改自己已经完成的译稿。例如，皮特·布什（Peter Bush）（Bush，2006：27-28）讲述了他翻译一部作品的情形。作者建议他可以去读一读其他语言的译本，于是他这么做了，并且因此修改了自己的译稿：

> 通常，我会把我的终译稿寄给作者。胡安·戈伊蒂索洛（Juan Goytisolo，1931—2017）总是会发来详细的评论，并且随时准备接受我的咨询。在作者的建议下，法语译者克劳德·布莱顿（Claude Bleton）和我交换了彼此的终译稿，并且都因此对自己的译稿做了一些修改。

布什提供了小说《卡拉吉科迪亚》（*Carajicomedia*）开头的第一、第六
和第八稿译文节选。他说，这些都与“多重阅读”（Bush，2006：
27）有关，这种阅读的过程就相当于“译者进行了一种人类最复杂
的智力和情感交流行为”（Bush，2006：32），而第八稿的译文也显示
出克劳德·布莱顿的法语译本给他带来的影响，其中第一句就足以 75
证明这一点。原文是这样的（Bush，2006：28）：

> Subí ex profeso el volume del altavoz (mis padres dormían fuera y Pepe se había retirado con tacto).

在第六稿中，布什的英语译文是（Bush，2006：28-29，黑体保留自原文）：

> I turned up the volume **ex profeso** (my parents were out-of-town and

Pepe had beat a tactful retreat). ①

但是在参考了如下的法语译文后（Bush，2006：29）：

Je montaià dessein le volume du haut-parleur [...]

他的第八稿英语译文（Bush，2006：30）变成了：

I **deliberately** tuned up the volume. ②

埃里克·狄更斯（Dickens，2009）非常关注翻译术语的准确选择问题。他曾翻译过拉尔斯·胡尔登（Lars Huldén，1926—2016）的诗集，在这本诗集中，每首诗都有一个标准的瑞典语版本和一个蒙萨拉方言版本（Huldén，1977），其中，方言的翻译可以说尤为困难。狄更斯［Dickens，2009：134（a），斜体保留自原文］认为：

> 如果英国的译者想尽量与原文相似，可以尝试：（a）找到一种近似的*乡村*方言（所以西部乡村或诺福克会比西瑞丁之类的地方方言更合适）；或者（b）直接翻译成标准英语；或者（c）掺杂方言。

他选择了（c），因为很难有一种现成的英语方言，可以一以贯之地

① 中文暂译为：我把音量调大了（我父母出去了，佩佩又策略性地撤退了）。
② 中文暂译为：我故意把音量调大了。

用来写作（参见上文提到的 Ellis，1998），而选择标准英语又会歪曲原文。他对原文的美学关注让他选择了第三种方法。另一方面，约翰斯顿在翻译拉蒙·德尔·巴列-因克兰（Ramón del Valle-Inclán，1866—1936）的《卢塞斯·德·波希米亚》（*Luces de Bohemia*）一书中的《波希米亚之光》（*Bohemian Lights*）时，选择把故事的背景放在“崛起之前的都柏林，而不是 1918/19 年的马德里”。他解释说，选择这一背景可以让他：

> 为特定的受众保留原文语言中大部分难读的地方（例如，使用一个特定的都柏林词汇），因为巴列-因克兰的个性化语言源自生动的街头俚语（其中一些俚语对于当代的西班牙语受众都已经不熟悉了）、文化语言、诗歌，还有酒吧里的热烈讨论。
>
> （Johnston，1996：65）

显然，相比纸质文本的翻译，舞台剧或广播剧翻译中的方言和口音 76
问题，可能在各个方面都要比前者显得更加尖锐。艾弗·马丁内斯（Eior Martinus）（Martimus，1996：120）讲述道，他为 BBC 电台翻译一部话剧的时候，制作人建议使用约克郡方言进行翻译。斯蒂芬·穆林（Stephen Mulrine）（Mulrine，1996：128）说，虽然“按惯例，[BBC 3] 电台改编外语话剧时通常使用的都是标准英语，因为只有乡下人或底层人才讲英国的区域性方言”，但是 BBC 却要求译者用苏格兰语翻译俄罗斯剧作家亚历山大·盖尔曼（Alexander Gelman，1933— ）的作品《孤身一人》（*Naedine so vsemi*），而且故事背景依然是原文中的俄罗斯。穆林解释了他认为这么做的好处（Murline，1996：128-129）：

> 盖尔曼的剧本跟苏联是那么密切地联系在一起，要在英语中找到一个同等激进的社会背景去予以置换几乎是不可能的，更不用说在苏格兰语中……［而且］一个没有苏联意识形态背景及其根源和分支的英语版本，听起来会像是一个年代剧。……我的译本使用了一种苏格兰英语……所以这部译作似乎的确呈现了某些并不违和的格拉斯哥语特征……尤其是描写安德烈（Andrei）和娜塔莎（Natasha）生活的部分。格拉斯哥的特点是一个拥有着世界上最高的录像机和微型计算机*人均*占有率且长期濒临贫困的城市，这意味着这个地方的语言环境更适合安德烈，而不是让他讲一口牛津、剑桥的标准南部口音。

口头表述性（speakability）也是谢默斯·希尼（Seamus Heaney，1939—2013）翻译《贝奥武甫》（*Beowulf*）时遵循的一个标准。《贝奥武甫》获得了1999年的威特布雷德年度图书奖（Whitbread Book of the Year prize），是"在公元7世纪中叶到10世纪末的那段时期，用今天被称之为盎格鲁-撒克逊语或古英语的语言创作而成的"一部诗歌（Heaney，1999：ix）。希尼对原作的评价是同类言论当中最能引发人们共鸣的。他说，《贝奥武甫》是一部"极富想象力和活力的作品，是一部杰作，作品的故事架构和语言设计都精妙不凡"（Heaney，1999：ix）。在谈到翻译方法时，他希望自己译本中的语言可以从父亲和男性亲戚们的口中自然而然地说出来。他是这样描述这些亲戚的：

> 都是“重嗓音”，家里的男人说话，有一种沉重而清晰的感觉，一板一眼，就像陈列在梳妆台上的德尔夫拼盘一样。一句很简单的话，比如“我们今天收玉米”，听起来都庄重感十足。
>
> （Heaney，1999：xxvi）

肯尼斯·麦克莱什（Kenneth McLeish，1940—1997）在翻译挪威剧作家路德维希·霍尔伯格（Ludvig Holberg，1684—1754）于1722年创作的喜剧《山上的杰佩》（*Jeppe paa Bjerget*）时，也表现出了对剧中 77
角色所使用的现实主义语言的关注。麦克莱什阐述道（McLeish，1996：157）：

> 在这部剧的翻译中，译者需要运用三种截然不同的翻译策略。其中最关键的是那位农民[杰佩]一连串令人眼花缭乱的独白。这些独白只需直截了当地翻译，因为他的独白是现实主义的，是以人物为基础的，像说话人本人那样朴实。但是，这一翻译策略对于翻译上层社会的角色（一个男爵和他的少校，一对无趣又恶俗的贵族），还有那两个扮演医生、律师、朝臣和走狗的*跳梁小丑*，则是行不通的。资产阶级人物的脆弱、空虚和邪恶在他们用丹麦语说出的语言中呼之欲出，但是说话方式的反差却并不明显。他们的表达毫无特色、了无生气。为了表现他们

> 对话的特点——像霍尔伯格作品里的演员们戏仿当年著名的社会习俗和表演习俗那样来“塑造”角色——我决定让男爵和少校讲一口农民们讲不了的高级英语，是莎士比亚时期的年轻贵族们喜爱的那种片段式的“高级风格”。而翻译那两个*跳梁小丑*的语言又是另一个问题。他们在剧里显然有大量的肢体表演，但这些在文本中从来没有被明确描述过，只是暗示。另外还能看出表演时显然会有音乐和演唱，也没有明确描述。所有这些，都必须在作品的表演过程中呈现出来，因此也必须在译入语的演员们所依赖的译本中呈现出来。

沙克福德（Shackelford，2009：151）讲述了她对原文的细致关注。她也正是以这种态度翻译了挪威作家埃德瓦德·霍姆（Edvard Hoem，1949— ）的《父亲和母亲的故事》（*Mors og fars historie*，2005）。她将该作品描述为：

> 作者为自己的父母创作的一幅以20世纪的挪威为背景的细腻的文学肖像画。虽然书的护封上打着“小说”的标签，但这是一部杂糅了多种风格的传记体小说作品，体现在书名中的“*故事*”（*historie*）一词上。该词既指“历史”（history），又指“故事”（story）。事实与虚构之间的张力，常常迫使尽心尽责的第一人称叙述者怀疑自己是不是遗漏了哪些久远的细节。由此，整个作品中都有一个自我怀疑的声音，而这成了翻译时不断要应对的一个挑战。

如果译者在翻译时对原文采取的是美学态度，那么许多当下的现实因素也会影响到最终的译文。我们来看科马克·奥库利亚因（Cormac Ó Cuilleanáin）的经历：

> 几年前，有一所学校要举行一场涂色比赛，他们找我为这个比赛翻译几首意大利儿童文学作家吉安尼·罗达里（Gianni Rodari，1920—1980）的诗，我在翻译下面这句诗的时候遇到了问题：“*I fannulloni vanno a spasso*”。这些翻译的诗有可能被孩子们 78
> 带回家，而这些孩子中有些人的父母可能是失业状态。这首诗的最后三句直译过来是：“闲散的人到处逛，一根手指都不染脏，但他们的营生却不清白。”在我看来，侮辱失业的父母是可鄙的，而且与吉安尼·罗达里作品中普遍呈现出的社会进步和人道主义观点是相悖的。考虑到这一点，……我……缩小了术语“*fannulloni*”的意思，这个词本来指的是“闲散的人”，而我把它译成了“闲散的富人”。

奥库利亚因禁不住觉得自己这种行为有损译者的身份。但是在我看来，这体现的是他对原文的美学处理方式，以及他翻译时细致的伦理考量和思虑。

罗斯·施瓦茨（Ros Schwartz）和尼古拉斯·德兰格（Nicholas de Lange）发表过一次对谈，就翻译中的干预现象进行了争论（Schwartz & de Lange，2006）。德兰格翻译的是当代作家阿莫斯·奥兹（Amos

Oz, 1939—2018）的希伯来语作品，施瓦茨则主要翻译在世的当代法语作家的作品（Schwartz & de Lange，2006：9）。施瓦茨是这样描述她的工作方式的（Schwartz & de Lange，2006：10-11）：

> 首先，我读原作要读透它，然后会从大体上判断自己需要思考些什么问题。这些问题会潜藏在我的脑海，在我日常游泳锻炼或做饭的时候，都会不断地琢磨这些事儿。

施瓦茨这里描述的是她对文本的一种美学关注。她会先译出一个初稿，而且会尽可能快地完成，其中或许会包含她针对原文难译内容的若干解决办法，这也符合我们在第三章引述皮姆时提到的现象（Pym，2003：489）。接下来，在编辑、校核、修改并再次通读之前，她将看重从美学的角度关注译本。对文本的美学关注让施瓦茨以一种“一名之立，旬月踟蹰”的精神来“介入”译文，而一个不那么投入的译者，或许无法在译文中保留原文的某些神韵。例如（Schwartz & de Lange，2006：12）：

> 在杰奎琳·哈普曼（Jacqueline Harpman）的《奥兰达》（*Orlanda*）一书中，主角是年轻男子卢西恩（Lucien）和年长女性阿琳（Aline）。他们总是用正式的［法语第二人称代词］*vous* 来称呼对方：他们的关系中充满了张力和暧昧。书中有一个重要的桥段，是当阿琳对卢西恩的称呼无意中切换到更为亲近的 *tu* 时，卢西恩立即接收到这个讯号并给予了回应。在我的译文中，我

> 的做法是让她［阿琳］身体前倾，把手放在他［卢西恩］的胳膊上。

在我看来，这是一个极富创造性的译法，通过这样做，译者弥补了目标语中没有现成表达方式的欠缺。

有的译者在处理翻译任务时，脑海中对于语言和交流都有着自 79
己特定的、可清晰表述的理论。例如，博厄斯-贝耶尔（Boase-Beier）根据认知文体学处理原文，她认为“翻译时的文体意识比其他任何方法都能更好地阐释原文”（Boase-Beier，2006b：110），尽管她也强调说，当然任何译者对原文的阐释也只是众多阐释中的一种。博厄斯-贝耶尔还举例指出，一个人可以据理力争地说，伊凡·高尔（Yvan Goll，1891—1950）的德语诗句“deinen Augen，den erloschenen”译为“在你的眼里，无光”比译为“在你无光的眼里”要更好，因为“在你的眼里，无光”这种违反常规语序的表达，恰恰符合原文对“无光”（den erloschenen）的聚焦，从而“更好地传达了原诗的前景化模式”（Boase-Beier，2006b：129-130）。博厄斯-贝耶尔在她发表的研究中分析了自己的翻译经历，翻译的对象是英格堡·巴赫曼（Ingeborg Bachmann，1926—1973）于 1964 年创作的一首诗（Boase Beier，2010：32）。博厄斯-贝耶尔谈论的内容非常广泛，涵盖了这首诗两个诗节前几句的排比结构，诗歌第一、三、四、六行对全诗的安排或表述顺序的影响，诗中涌现的大量与死亡相关的词语，诗的头韵和谐音，诗中的语义链。博厄斯-贝耶尔说，她希望“保留这首诗的论点……太阳的往复运动……和我们思维过程的呼应”。受到塞米诺和卡尔佩珀（Semino & Culpeper，2002）认知文体观的启发，博厄斯-贝耶尔的译文很明显建立在对原文细致的美学关注之上。

对文本的美学关注不需要进一步的理论，但也不排除这种理论的存在，如上面提到的博厄斯-贝耶尔的例子，她的翻译决策是基于认知文体学的。艾克西亚斯（Aixàs，2007：143）讨论了她翻译詹姆斯·乔伊斯（James Joyce，1882—1941）《芬尼根的觉醒》（*Finnegan's Wake*）的案例。她借用韩礼德的场域分析理论（Hallidayan register analysis）、英伽登的翻译理论（Ingargen ' s theory of translation）、德拉巴斯蒂塔（Delabastita，1997）和拉多（Laldó，2002）的研究来进行文本分析，并且为自己的译文设定了一系列明确的目标。下面是她对原文分析的说明，例如（Aixés，2007：146-147，斜体保留自原文）：

> 在前三个句子中，我们发现有一个音位的重复：*Reeve and Reeve*，然后还有涉及文法的两个重复：*And the cut of him ! And the strut of him !* 乔伊斯用这几句话赞美了主人公的优雅举止。然而，到了第四句，节奏突然发生了变化，有一个声音[h]形成的头韵，而这句话因为用了顿绝法而被打断[留下一句未完成的话]，带给人一种疲倦和困顿的感觉。

费舍尔（Fisher，2010）从女性主义立场出发，分析了自己对卡罗尔·安·达菲（Carol Ann Duffy，1955— ）诗歌的德语翻译。她指出，在《窗》（The Window）一诗中，第三节最后一行“路过你门口的陌生人”，可以指男性，可以指女性，也可以指象征所有女性的路人，或者指一个孩子。这就给她的德语译文造成了困难，因为在德 80
语中，必须在表示陌生人的这个名词短语前加上限定词，表明该词的阳性、阴性、中性或复数形式。她选择用表明阴性的限定词，而这就排除了这位陌生人是男性的可能（Fisher，2020：77）。

诺达尔（Nordahl，1991：48-54）讨论了他对《罗兰之歌》（*La Chanson de Roland*，大约创作于1040年至1115年间）的翻译。这是一首由4002行诗句组成的史诗，每行有十个音节和一个停顿，停顿往往是在第四个音节之后。诗的韵律属于抑扬格，经常使用谐音或元音韵。诺达尔讨论了诗中的意合、词序倒置、荷马式修饰语、名词/转述动词倒装、对比和习语，指出无论谁来翻译一部古代史诗，都需要关注上述每一个方面（Nordahl，1991：57），并且必须在译文中保留这些元素。诺达尔的观点未必人人同意，但他对原作特征的关注表现出了典型的美学态度。

阿马杜（Amadou，1991）谈论了她翻译马塞尔·普鲁斯特（Marcel Proust，1871—1922）在1913—1927年间出版的七卷本小说《追忆似水年华》（*À la recherche du temps perdu*）的案例。她指出，普鲁斯特运用语言模拟，通过将长短句并置，营造出一种现实与想象参差对照的效果，这是《追忆似水年华》的一个核心主题（1991：80）。通过分析，我发现汉斯·克里斯蒂安·安徒生（Hans Christian Anderson）对语言的运用也遵循类似的模式，只不过安徒生是通过形容词的匹配来实现真实与虚伪之间的对照（见下文）。

鲍曼（Bowman，2007）描述了他与比尔·芬德利（Bill Findlay）

合译加拿大剧作家珍妮·曼斯·德莱斯利（Jeanne Mance Delisle，1939— ）的《绞刑犯的里尔舞》（*The Reel of The Hanged Man*）的情形。在他们的译文中，“凡是涉及要译为当地土语的内容时，他们都会大胆进行尝试”（Bowman，2007：17）。该剧的背景设在阿比提比，“位于蒙特利尔西北几百英里的位置”（Bowman，2007：18），在这里，加拿大政府将土地赠予想要耕种的魁北克人，尽管他们很少有人真的把地种好了（Bowman，2007：20）。他进一步阐述说，标题中的“里尔舞”

> 是该剧的基础、是它的基本形式以及它的中心符号。通过里尔舞，德莱斯利超越了语言，就好像创造了一个音乐的弧线，把阿比提比之梦转化成了与梦想截然相反的残酷现实，而这也是剧中被删减的家庭戏所不可描述的部分。

约翰斯顿（Johnston，2007：84）认为，戏剧译者的任务“类似导演的任务……，要恢复戏剧的新鲜感”。对于约翰斯顿来说，如果译者能够想办法“在此情此景之下，与‘真实世界’的观众……建立起原剧与原观众之间的那种联结”，那么翻译的任务就完成了。在他的论证中，约翰斯顿再次强调了为世界创造新事物的重要性。他还举
81 了自己翻译洛卡（Lorca）的《血色婚礼》（*Bodas de sangre*，1932，斜体保留自原文）的例子，来说明他对原文的密切关注如何引导他找到了中意的译文。原文中有这么一段：*la navaja, la navaja... y las escopetas y las pistolas y el cuchillo más pequeño, y hasta las azadas y los bieldos de*

la era（小刀、小刀……、猎枪、手枪和最小的餐刀，甚至还有锄头和草叉）。关于自己的译文，他是这么说的（Johnston，2007：87-88）：

> 西班牙语有一种表达零碎东西的能力，从充满感情的母题 *navaja* 开始——到 *azadas* 和 *bieldos de la era*。……洛卡以几乎笃定的态度从他手头剩下的那一堆难以区分的农用刀具中选择了 *azadas*，因为它与前面的 *hasta las* 以及更为关键的 *navaja* 一词有着呼应的关系。此外，*los bieldos de la era* 缓下来的节奏，让演员能够根据当时情感表达的需求来调整重音，使这句话的语调在结束时呈现出那种灭顶之灾带来的强烈的无助感。……我自己在翻译时特别保留了该语言的这种节奏性特质，我的译文是：我讨厌刀……刀啊、枪啊……锄头啊、镰刀啊。①
>
> （Johnston，1988/2003）

在翻译洛卡的戏剧时，约翰斯顿同样意识到了谐音和头韵的问题。在这句 *el aire me of Rece dalias de luna dormida*（the breeze offers me dahlias of sleeping moon，微风为我送来沉睡的月亮上大丽花的香气）的翻译中，约翰斯顿将原文难译的 dahlias（大丽花）改成了 frozen flowers（冰花），从而避免了大丽花会带给英国人的那种滑稽感，同时还保留了头韵（Johnston，1996：65；斜体保留自原文）。

显然，如果用简单纯粹的美学态度（前提是必须纯粹……参见

---

① 约翰斯顿翻译最后这句话的英文版本是：I hate knives... Knives，guns... sickles and scythes.

上文）来处理某些类型的文学作品翻译会对该过程更有裨益。例如，上文提到了约翰斯顿（Johnston，2013：373）认为戏剧翻译要“为表演服务”，因此他的译文特别突显了节奏和韵律感。

如果原剧本是用韵文写成的，译者往往需要考虑是否应译成韵文。克拉克（Clark，1996：27）称，当他着手翻译波兰19世纪剧作家亚历山大·弗雷德罗（Aleksander Fredro，1793—1876）的《复仇》（*Zemsta*）时，“[他]从未想过要译成韵律诗以外的任何形式，因为那样做不可能行得通”，于是他“开始模仿弗雷德罗那种简短干脆的诗句风格和复杂的押韵模式”。

在蒂万（Teevan，1996：101）看来，将古希腊戏剧译入英语最棘手的问题就是韵律和节拍：

> 欧里庇得斯（Euripides）在《奥里斯的伊菲格尼亚》（*The Iphigenia In Aulis*）中使用了各种各样的韵律和节拍。……为了体验他想在听觉上达成的效果，我大声朗读了几段剧本。在我看来，希腊悲剧之所以用诗的形式来完成，不仅是为了表达一种更强烈的现实，也是为了敲击出有力的剧情节奏。这种节奏的变化取决于剧中正在说话的人物，取决于人物所处的情境以及说话
> 82 的对象，还取决于这段诗是否需要吟唱。由于我的语言尽可能地在模仿古老的撒克逊语，所以译文中呈现出的韵律或韵律变体都是中古英语那种基于重音节奏的头韵或非头韵诗。我会根据人物和情境的变动来调整这些韵律。

正如罗西（Rossi，2016）在讲述她翻译塔玛拉·卡门萨因（Tamara Kamenszain，1947— ）（2005、2010、2012 年结集出版）的诗时所表明的那样，诗歌可以让创造性呈现出许多可能性。卡门萨因用探戈的节奏创作诗歌，这为诗歌创作增添了一个新的维度（Rossi，2016：713）。

在这一节中，我列举了译者们对各自如何处理原文的陈述，也举例阐释了一些相关的译文。下一节，我将描述自己用美学态度翻译一篇短文的经历，会根据自己对作者所有作品的整体感受来指导翻译时的决策。当然，许多译者都会在翻译时得益于对作家部分或全部作品的了解。

3 一篇短文的翻译过程

在这一节中，将对自己的翻译经历进行描述。套用第三章讨论过的几种研究方法，我这里的做法相当于一个有声思维（TAP）的版本，只不过不是真的在进行有声思维，而是以书写的方式叙述我在翻译过程中做出的决策都是基于哪些考量。我的情况也不同于许多有声思维实验的受试者，因为我对要翻译的文章非常熟悉，而且可以说熟知已久。我也很熟悉这位作者其他大部分同类型的作品，这种类型的文体在丹麦语中通常被称为 Eventyr，英语一般译为童话（Fairy tale），但其实这种译法有一定的误导性。我手头的这个文本是一篇相当短小的作品，我在翻译时重点关注它的词汇和韵律。我之前也曾分析过这篇作品的翻译情况（Malmkjær，2010），本章的描述相比先前的分析有所变动，在讨论的内容方面更为详细。如果想了解更多关于翻译经验的描述，请参阅布里格斯（Briggs，2017）的作品。

我翻译的作品是《豌豆公主》(*Prindsessen paa Ærten*, 1835；参见 http://wayback-01.kb.dk/wayback/20101105080254/http://www2.kb.dk/elib/lit/dan/andersen/eventyr.dsl/hcaev003.htm，2019 年 1 月 21 日访问）。这是丹麦作家安徒生（Hans Christian Andersen，1805—1875）最早出版的作品之一，根据他小时候听过的一个传统故事改编而来。然而，安徒生大力改编并出版这篇作品之后，它一直被看作所谓的文学童话故事。该作品有很多译本，在此不赘述（参见 Malmkjær，1995；2003；2010）。关于民间故事普遍的结构和特点，请参阅汤普森（Thompson，1946）、坎贝尔（Campbell，1949；1968 年第二版）、普罗普（Propp，1958/1968）和阿尔奈（Aarne，1961）。在下面的内容中，加粗的部分是我的译文。①

83 这个故事的题目 *Prindsessen paa Ærten*，原封不动的意思是：

The princess on the pea（《豌豆上的公主》）

于是我就按字面译的。

故事开头这样写道：

① 由于作者对自己译例的讲述涉及英语语言的特点，因此这部分统一保留了作者的英语译文。本书译者对作者英语译文的中文翻译仅作注释之用。

Der var engang en Prinds（There was once a prince，从前有一位王子）

Der var engang 是丹麦语中 Eventyr 这种文体的作品典型的开篇方式。在英语中，标准的开篇是“Once upon a time”（很久以前），但是我想在译文中保留原作的文化特色，于是决定译为 **“There was once a prince”（从前有一位王子）**。

接下来，我们读到：

han vilde have sig en Prindsesse（he [the prince] would have himself a princess，他[王子]想要有一位自己的公主）

这里，安徒生选择以一种口语化的方式进行表达，这也是他著名的风格特点之一：在这句话中，安徒生用了反身代词 sig，此处的意思是 himself（他自己）。这句话不用这个反身代词也完全没问题（只是语言没有那么朴实和口语化了），句子就变成了 han vilde have en prinsesse（he would have a princess，他想要有一位公主）。在译文中，相比最为简洁的“he wanted”（他想要）而言，“he wanted to have”（他想要有）已经多了一些没必要的语言元素，所以为了优化译文，我舍弃了原文的反身代词，译成了下面这句话，虽然我觉得不如原文那么口语化了：

he wanted to have a princess（他想要有一位公主）

接下来的这句是理想中的公主需满足的条件，用了并列连词 men（but，但是）来引导：

> *men det skulde være en rigtig Prindsesse*（but it should be a real princess，但它应该是一位真正的公主）

为了符合英语的语言规范，it（它）变成了 she（她），"should be"（应该是）变成了"would have to be"（必须是），其余的内容我译成了"a real princess"（一位真正的公主）。得出的译文是：

> **but she would have to be a real princess（但她必须是一位真正的公主）**

原文中出现的每一个 *rigtig*，我都是用形容词 real（真正的）来翻译的。在这个故事的结尾处，这个形容词还被用来修饰句中的丹麦名词 *historie*（故事），安徒生用 *historie* 指代他刚讲完的故事。因此，*rigtig* 这一形容词构成了故事本身和标题人物之间的某种词汇联系，而表达这种联系的词代表的是某种特质。也就是说，在叙述话语中，公主和故事有着同样的特质。除 *virkelig*（真正的）一词之外，没有其他的形容词被用来修饰过 *Prindsesse*（公主），事实上，这个故事从头到尾都很少使用形容词。天气用了一个形容词来描述，大概的
84 意思是"可怕的"，国王和王后是"老的"，公主的身体因为睡在豌

豆上而变得“又棕又青的”，还有“20个的”床垫和被子。最后，据说公主是“细皮嫩肉的”。

在翻译形容词的时候，译者通常都有大量的对应项可选。在*rigtig*的例子中，至少有以下备选词：actual（实际的）、correct（正确的）、proper（合适的）、real（真正的）、right（对的）和true（真实的）。但是，从安徒生的所有作品来看，rigtig和该词在这篇故事中的近义词*vierkelig*之间似乎有着某种特殊的区别。在我看来，安徒生是想用这两个词来反衬“表面的现象”（对应*virkelig*）和“冒牌的现象”（对应*rigtig*）。这个故事中的问题是：来到王国之门宣布自己是公主的人是*rigtig*还是*virkelig*。

同时，满怀着寻找公主的热情，王子远行他方：

> *Saa reiste han hele Verden rundt, for at finde saadan en*（then travelled he the whole world around for to find such one，于是走遍世界他去寻找这样一位）

根据英语的语言惯例，这句话可以处理为：“Then he travelled the whole world around to find one”（于是他走遍世界去寻找一位）。但是，在丹麦语口语中，*Saadan en*是一个非常常见的表达方式，如果我们在结尾处可以有一个停顿，或者用丹麦语讲，有一个stød，也叫声门停顿（glottal stop），那么就可以形成一对抑扬格。上述英语译文中one（一位）这个代词的出现也有点生硬——虽然预期的英文读者当然不太可能这么觉得。无论如何，如果这句话被处理成，

> **Then he travelled all around the world so that he might find one（于是他走遍世界，只为寻找斯人）**

至少会让“all around the world”中的重读和非重读音节组合跟 *hele verden rundt* 中的一模一样，而且（相比“to find one”），加长了的“so that he might find one”对表达“at finde saadan en”的效果也很有帮助。

然而，不幸的是，故事告诉我们，王子的寻找并不顺利：

> *men allevegne var der noget i Veien*（but everywhere was there something in the way，但是不论走到哪里都有阻碍）

Noget i vejen 也是一个常见的丹麦语口语表达，大致对应英语的“something wrong”（不对劲）。后者要比原文五音节的短语少两个音节，所以我的译文加了一个音节，勉强在整体上可以反映原文的语义和节拍。

> **but everywhere there was something amiss（但是走到哪里都不大对劲）**

于是下一句的难点就变得显而易见了，一开始就要解释：

Prindsesser vare der nok af（princesses were there enough of，公主到处都有）

丹麦语中对公主的前景化处理在句中十分自然，但是在英语中对此 85
进行机械照搬则颇有难度。“Princesses there were a plenty”（公主到处不缺）这种句式有点像古文，显得很别扭。所以，可能下面这句译文会更好一点：

there were plenty of princesses（到处都有许多公主）

虽然在这句译文中，公主的焦点位置不得不让步给存在句式的占位代词 there，但已然是一个较好的选择了。

在原文的下一个句子中，我们倒有可能保留对比较连词 *men*（but，但是）及其紧邻的连词 *om*（whether，是不是）的强调，暗示有某种疑惑即将被表达：

men om det vare rigtige Prindsesser（but whether it were real princesses，但它是不是真正的公主）

这样出来的译文就是“but whether they were real princesses”（但她们是不是真正的公主）。然而，接下来的句子表明，前面这句话是对王子思想状态或思维过程的间接转述，这样就使得两句的内容在语义上有了十分密切的联系：

kunde han ikke ganske komme efter（could he not quite come after，他怎能知道）

我的感觉是，尽管原文把要转述的内容放在转述词前面是很自然的，但是在英语中，这样的前置会显得过于刻意。因此，我把两句合在一起，译成了下面这句：

but he could never be quite sure whether they were real princesses（但他怎能知道她们是不是真正的公主呢）

于是，对公主的提及又一次不得已被推到了句末。然而，这并没有影响传达王子不确定的思想状态。句子一开始就指出了这一点，这对整个故事至关重要，因为要靠它来推动情节继续发展。下面的句子揭示了王子不确定的原因：

altid var der noget, *som ikke var saa rigtigt*（always was there something which was not so right，总是有哪里不太对）

这句话将一个频率副词放在了句首的位置，凸显的是王子寻找公主结果不顺利的频繁程度。这一前景化的做法在英语中是可以复制的：

always something was not quite right（总是哪里不太对）

然而，跟丹麦语原文相比，这句英语在我读来还是觉得做作。于是我把带动词的存在词 there 放在频率副词的前面，将整句话调整成：

there was always something that was not quite right（总有哪里不太对的感觉） 86

鉴于这一连串的不顺利，王子回到家中，心情非常低落：

Saa kom han da hjem igjen og var saa bedrøvet（so/then came he then/therefore home again and was so sad，所以王子又回家了，如此伤心）

在上面的字面注释中，我试图标明两个语篇助词或副词 *saa* 和 *da* 可能附带的多重意义。第一个 *Saa* 可以表示事件的连续性或因果关系，或两者兼表，而第二个 *saa* 是一个强化成分。为了将第一个 *Saa* 的两种意义结合起来，我使用了 So then（然后）。但我避免使用第二个 so（如此），因为这个词放在英语的单音节 sad 之前可能会构成强调，而在丹麦语原文中，第二个 *saa* 并没有被强调，因为它被后面的三音节词 *bedrøvet* 盖过了。我的译文是：

So then he came home again and was very sad（然后他又回家了，

非常伤心）

接下来的一句解释了王子为什么这么伤心：

for han vilde saa gjerne have en virkelig Prindsesse（for he wanted so fain to have a genuine princess，因为他如此乐意找到一位真公主）

此处这句丹麦语句子听起来非常现代（在句法和词汇上，甚至包括主题和拼写），但是，现代英语已经不再使用 fain（乐意地）这样的词了。在我看来，在这样一个口语化的文本中，so much（特别）可以很好地替代 so fain（如此乐意），所以我把这句话翻译成：

because he wanted so much to have a genuine princess（因为他特别想找到一位真公主）

该句中包含了故事中关于公主的另一个形容词，即 *virkelig*。如上所述，安徒生用这个词来形容那些如假包换的事物，换言之，就是“genuine”（真的）。

随着故事的发展，当文中再次出现具有口语特征的词汇 *da* 的时候，天气开始变得很糟，*da* 在这里承担的是表达事件进展和承上启下的功能：

> *En Aften blev det da et frygteligt Veir*；*det lynede og tordnede*，*Regnen skyllede ned*，*det var ganske forskrækkeligt*！（One evening became it then a terrible weather；it thundered and lightened，the rain poured down，it was quite frightful！有一天傍晚，天气变得很可怕，又打雷又下雨，大雨瓢泼，太吓人了！）

虽然我在字面注释中将 *da* 处理为 *then*，但是事实上，在这句话的丹麦语原文中，*da* 这个词有一种介于副词 *then* 和语篇助词之间的感觉，既强调天气糟糕的程度，又有点希望大家表示同意。形容词 *frygteligt*，如上所述，和一般的形容词一样，在译文中有多个对应词。我选择 *terrible*（可怕的）来译 *frygteligt*，词源学的依据是：*frygt* 87
意为 *fear*（恐惧），而 *forskækkeligt* 可以表达 *frightening*（恐怖的）的意思。很显然，要想让这种别扭的英语字面表达行得通，就必须采取一些措施。将 then 前置，能够在英语中实现承接上文的效果，但却无法表达想让大家同意的期望，于是我尝试把这种欲语还休的期望，通过加 truly（真正地）一词来进行传达。得出的译文是：

> **Then one evening the weather turned truly awful；there was thunder and lightening and pouring rain，it was quite terrible！（然后有一天傍晚，天气变得真是糟糕极了，又是打雷，又是闪电，大雨瓢泼，实在是太可怕了！）**

在这种恶劣的天气里，一位造访者来到城门口：

Saa bankede det paa Byens Port, *og den gamle Konge gik hen at lukke op.*（Then knocked it on the town's gate, and the old king went along to open up. 这时敲起了城门，老国王去开门。）

这里的 *saa* 只起承接上文的作用。丹麦语原文用 *det*（it）带出敲门用的工具，但又没说是什么工具。换作英语的表达就是：

Then there was a knocking on the town gate（这时传来了敲击城门的声音）

这句话也可以用其他的表达方式来代替，比如 Then somebody knocked on the town gate（这时有人在敲城门），但这句话提到了一个原文没有明示的敲门人，所以我决定还是采用上面黑体字显示的译本。下面的一句话是由连接词 *og*，即 and 引入的，起到了连接、承上、启下三重功能，在我的英语译文中，and 也是这样的功用：

and the old king went along to open it（于是老国王去开门）

然后你猜发生了什么！……

Det var en Prindsesse, *som stod udenfor*（it was a princess who stood outside，门外站的正是一位公主）

对王子，以及对译者来说，这是多么现成啊！ 译者可以直接用几乎纯字面的翻译：It was a princess who was standing outside（站在门外的正是一位公主），当然也有其他的备选译文，比如，The person standing outside was a princess（站在门外的人是一位公主）；或者 And there, outside, stood a princess（然后，门外那里，站了一位公主）；it was a princess who was standing out there（站在门外的正是一位公主），等等。我选的是：

> **It was a princess who was standing outside（站在门外的正是一位公主）**

因为这个译文保留了原文的主语 *det*/it，而且顺畅地引出了后面的内容。

在经过初步的判断后，公主的外貌很快引起了人们的一丝疑虑：

> *Men Gud hvor hun saae ud af Regnen og det ondeVeir*！（but God how she looked from the rain and the evil weather！但是天知道她在那种大雨天看起来像啥样儿！） 88

这里用 *Gud*（上帝）进行感叹的做法，后来在公主本人说话时也再次出现过，这是该故事的一个特点。然而，据我所知，没有任何已出版的译本是用英语的 God（上帝）来翻译的。虽然安徒生在他的其他作品中这样使用 *Gud* 的情况并不多，但是也有。尽管在他那个时代（也许今天仍然如此）的丹麦儿童文学中，这种做法或许也并不常见，但是，无论是在当时，还是在今天，丹麦儿童文学都不像英语儿童文学那样，把直呼上帝的做法视为禁忌——至少就现有的译本而言，没有一个译本采用了这种做法。即便如此，我还是选择保留原文的这一特点：

> **But God what a sight she was with the rain and the evil weather!（不过我的神哪！ 这大雨加上这鬼天气，她的样子可够难看的！）**

然后就是更多关于公主外貌细节的描写：

> *Vandet løb ned af hendes Haar og hendes Klæder, og det løb ind af Næsen paa Skoen og ud af Hælen, og saa sagde hun, at hun var en virkelig Prindsesse.*（The water ran down along her hair and her clothes, and it ran in through the nose of the shoe and out through the heel, and then she said that she was a genuine princess. 雨水沿着她的头发和衣服流下来，从鞋头流进去，又从鞋后跟流出来，然后她说她是一位真公主。）

在这里，对公主外貌的描写顺利地过渡到了口语化的 *og saa sagde hun*，如果这句话是被口头说出来的，那么 *og saa*（and then，然后）

在上下文中就表达了对 *sagde*（said）的强调，至少这可能是安徒生的一个预期。在安徒生 1835 年 2 月 10 日写给英格曼（Bernhard Severin Ingemann，1789—1862）的信中（letter from Hans Christian Andersson to Bernard Severin Ingemann，《汉斯·克里斯蒂安·安徒生给伯哈德·塞韦林·英格曼的信》），他说（参见 http://andersen.sdu.dk/brevbase/brev.html? bid=876，2018 年 10 月 11 日访问；斜体为我所加）：

> *Dernæst har jeg begyndt paa nogle：“Eventyr fortalte for Børn”，og jeg troer de lykkes mig. Jeg har givet et Par af de Eventyr jeg selv som Lille var lykkelig ved，og som jeg ikke troer ere kjendte；jeg har ganske skrevet dem saaledes som jeg selv vilde fortælle et Barn dem.*（然后，我开始写一些“讲给孩子们听的童话故事”，我想我会成功的。我小时候就给自己写过一些童话故事，我感觉听过这些故事的人应该不多；我是完全按照自己会怎么讲来写的。）

我会采用下面的译文：

> Water was running down her hair and her clothes，and in at the toes of her shoes and out at the heels，and yet she said that she was a genuine princess.（她的头发和衣服都淌着水，从鞋头灌进去又从鞋尾溢出来，但她说了，她是一位真公主。）

我舍弃了原文的 *Næsen*，*Skoen* 和 *Hælen* 等单数（语法）形式，决定遵
89 从现代英语的表达模式而采用复数。对于 *og saa sagde hun*, *at hun var en virkelig Prindsesse*，我决定译为 and yet she said（但她说了），这在英语的描写中读起来非常流畅，同时也表达了叙述者对公主的外貌与她自称的地位看起来互相矛盾的惊讶。最后，在转述的句子中，我用了 genunine（真的）来翻译 *virkelig*，原因上文已有论述。公主声称她就是如假包换的真公主，而她的断言引出了故事中的一位新角色——老王后，她正打算验证公主的身份：

"*Ja*, *det skal vi nok faae at vide*!" *tænkte den gamle Dronning*, *men hun sagde ikke noget*, *gik ind i Sovekammeret*, *tog alle Sengklæderne af og lagde en Ært paa Bunden af Sengen*, *derpaa tog hun tyve Matrasser*, *lagde dem ovenpaa ærten*, *og saa endnu tyve Edderduuns-Dyner oven paa Matrasserne.*

Der skulde nu Prindsessen ligge om Natten.

（"Yes, that shall we *nok* get to know!" thought the old queen, but she said not anything, went into the bedroom, took all the bedclothes off and laid a pea on the bottom of the bed, thereupon took she twenty mattresses, laid them on top of the pea, and then yet twenty eider-down-quilts on top of the mattresses.

There should now the princess lie at night.）

（"嗯，是不是公主我们立马就晓得了！"老王后想，但她什么也没说，而是走进卧室，把所有床褥都拿掉，在床板上放了一

颗豌豆，然后铺了二十层床垫，床垫上又铺了二十层羽绒被。

那儿就是公主晚上睡觉的地方了。）

我在这个例子中（相对而言）大量地保留了原文的模式，主要是为了展现原文那种只被逗号间隔的语流，这种语流可以带我们快速了解王后的计划和行动过程，直到强调词 *der*（there，那儿）出现。如果读者出声朗读的话，大概会按照分段提示的那样，读到 there 这里时停下来喘口气，同时也给听故事的人一点时间去充分领会床上都铺了多少复杂的东西。

就词汇而言，很难在字面上译出上例中的语篇助词 *nok*，它是开篇那个高度习语化表达的一部分。但这不会造成我翻译时的困难，因为英语中有一个类似的习语表达。我的译文是：

"Well, we'll soon see about that!" thought the old queen, but she didn't say anything, went into the bedroom, took all the bedclothes off and put a pea on the bottom of the bed, then she put twenty mattresses on top of the pea, and then another twenty eiderdown-quilts on top of the mattresses.

That was where the princess was to lie that night.

（"行，咱们立马见分晓！"老王后想，但她什么都没说，而是走进卧室，把所有床褥都拿掉，在床板上放了一颗豌豆，然后铺了二十层床垫，床垫上又铺了二十层羽绒被。

那就是公主晚上睡觉的地方了。）

如该译例所表明的那样，译文中没有对等词的部分在整个文本的翻译中可以毫无问题地呈现出来，这提醒我们：单词或短语并不能单独构成文本，而且一段文本绝不止，或绝不等于组成它的那些孤立的部分。我在译文中用 That 为下一段的句子起头，这跟原文用 *Der*
90 的效果相同，因为 that 跟 *der*（there）一样，也是一个远端指示词，因此，它带给译文读者的效果与原文叙述者期待带给原文读者的效果是一样的。

然后公主也该上床睡觉了。接下来：

Om Morgenen spurgte de hende, hvorledes hun havde sovet.

“O forskrækkeligt slet!” sagde Prindsessen, “Jeg har næsten ikke lukket mine Øine den hele Nat! Gud veed, hvad der har været i Sengen? Jeg har ligget paa noget haardt, saa jeg er ganske bruun og blaa over min hele Krop! Det er ganske forskrækkeligt!”

(In the morning asked they her how she had slept. “Oh terribly badly!” said the princess, “I have almost not closed my eyes the whole night! God knows what there has been in the bed? I have lain on something hard, so I am quite brown and blue over my whole body! It is quite terrible!”)

（到了早上，他们问公主睡得怎么样。“噢，睡得可太糟了！”公主说，“我几乎一夜都没合眼！天知道我床上有个什么东西，我不知道躺在什么硬邦邦的东西上，搞得浑身又棕又青！　真是太糟糕了！”）

就在这里，公主用了上文提到过的那种冒犯神明的表达方式 *Gud*。同样地，我也在字面上予以保留。相比之下，我认为丹麦语选择用“棕色”（brown）而不是“黑色”（black）来表达身体的瘀伤，这样的用法在英语中倒没有保留的必要，因此我的译文处理成了：

> In the morning they asked her how she had slept. “Oh terribly badly!” said the princess, “I have hardly closed my eyes the entire night! God knows what was in that bed? I've been lying on something hard, so that I am black and blue all over! It is quite terrible!”
> （到了早上，他们问公主睡得可好。“噢，睡得可太糟了！”公主说，“我几乎一夜都没合眼！　天知道我床上有个什么东西，硬邦邦的，硌得我浑身又紫又青！　真是太糟糕了！”）

这个结果可以说皆大欢喜，因为：

> *Saa kunde de see, at det var en rigtig Prindsesse, da hun gjennem de tyve Matrasser og de tyve Edderduuns Dyner havde mærket Ærten. Saa ømskindet kunde der ingen være, uden en virkelig Prindsesse.*
> （Then/therefore they could see that it was a real princess as she through the twenty mattresses and the twenty eiderdown quilts had felt the pea. So tenderskinned could there no-one be except a genuine princess.）

（然后，他们看出了这是一位真正的公主，因为她隔着二十层床垫和二十层羽绒被都能感觉到那颗豌豆。这么细皮嫩肉的人，不可能是别的身份，只能是个真公主。）

在这段话中，叙述者在形容公主时把表示“真正的”的两个形容词 *rigtig* 和 *virkelig* 都用到了，叙述者这是在讲述人物的想法，最后他们认为公主是一位真正的公主，因为她那么敏感，连豌豆都感觉得到。*Ømskindet*（tender skinned）在丹麦语中主要用来比喻在情感上容易受伤的人。下面这个网站 https://ordnet. dk/korpusdk/teksteksempler/sogeresultat（2018 年 12 月 11 日访问）有 17 个喻词，其中一个就是安徒生故事中的这个词，另外 16 个词也是比喻。然而，在这篇文本中，这个词可以说是去比喻化的，用的就是字面意思，指一个人的皮肤很娇柔细嫩，这说明她是一个真正的/真公主。英语很难概括 *Ømskindet* 这个词的确切含义，thin skinned（皮肤薄）并不意味着“精致”（refined），而 tender skinned（皮肤嫩）也缺乏 *ømskindet* 一词在丹麦人当中所享有的熟悉度（尽管词典给出了许多例子，但我
91 们显然并不常使用它们）。在英国国家语料库中（http://phrasesinenglish. org/searchBNC. php，2019 年 2 月 17 日访问），并没有收录 tender skinned 一词的例句。尽管如此，翻译时还是需要做出选择。我选的就是 tender skinned，因为我认为这个词多多少少能够传达原文想传达的意思。我的译文如下：

Then they could see that she was a real princess as she had been able

to feel the pea through the twenty mattresses and the twenty eiderdown quilts. No-one but a genuine princess could be that tender skinned.（现在他们知道了，这是一位真正的公主，因为隔了二十层床垫和二十层羽绒被，她还能感觉到下面那颗豌豆。只有真公主才会这么细皮嫩肉。）

至此，王子的寻找要结束了：

Prindsen tog hende da til Kone, *for nu vidste han*, *at han havde en rigtig Prindsesse*（The prince took her therefore/then to wife, for now he knew that he had a real princess. 王子于是/然后就娶她为妻，因为现在他知道自己娶了一位真正的公主。）

在这个例子中，语篇助词 *da* 虽然还有一些承接上文的效果（then），但这种感觉相对较弱，*da* 在这里更多的是表达"因此"（therefore）的意思，所以我认为可以用英语中的"so then"（那么）来翻译它。故事在讲述王子做出决定的原因时带有很强的讽刺意味，因为王后测试公主的方法，不论在比喻意义上还是真实意义上，针对的都只是女性的一个表面特征，即她的皮肤。出于这个原因，也为了保持用词的一致性，我在这句话的译文中选择了 real（真正的）一词，暗示人们的判断是基于刻板印象，而不是公主身份的真实性（genuineness）：

So then the prince took her as his wife, for now he knew that he had a real princess. （那么王子就娶她为妻，因为他知道自己娶了一位真正的公主。）

但是事情到这里还没有结束，接下来的内容将故事的复杂性带到了一个新的高度。如果我们追问，测试公主身份的那颗豌豆命运如何，会发现：

og Ærten kom paa Kunstkammeret, hvor den endnu er at see, dersom ingen har taget den. (and the pea came on the art chamber, where it still is to see if no-one has taken it. 而那颗豌豆进了皇家艺术厅，如果没人拿走的话，现在还在那里供人参观呢。)

此处只需稍做调整：

and the pea was put in the royal collection where it is still to be seen if no-one has taken it. （而那颗豌豆被收入了皇家馆藏，如果没人拿走的话，现在还在那里供人参观呢。）

对于与安徒生同时代的丹麦读者来说，这个故事可能会让他们想起丹麦铁器时代最著名的遗迹之一：黄金号角（Gold Horns）（Guldhornene；参见 https://natmus.dk/historisk-viden/danmark/oldtidindtil-aar-1050/yngre-jernalder-400-800/guldhornene/，2018 年 12 月 11 日访问）。据说它们是由 400 个左右的号角组成的，如名字所 92 示，由黄金制成，总重量接近 7 公斤，最长的一个号角是 1639 年发现的，较短的一个发现于 1734 年，地点都是在日德兰南部的一块田地里。这两个号角被放置在哥本哈根克里斯蒂安堡附近的皇家艺术收藏馆，1802 年被一个金匠盗走之后熔掉了。后来人们根据图纸和记忆造出了复制品，该复制品（在第二次失窃之后）陈列在哥本哈根的丹麦国家博物馆和奥胡斯附近的穆斯加德博物馆。这段历史当然远不止安徒生的这篇故事，而且，尽管这个故事可能会让安徒生同时代的读者想起黄金号角，但却不太可能在大多数当代读者中产生这种效果，除非他们对安徒生有学术方面的兴趣。这种信息在翻译中的确无法传达，只能通过脚注，而我也从未见过有人翻译时这么做。有趣的是，这个案例告诉我们，早期作品所含的言外之意可能会随着时间的推移而消逝，同时也会消逝在译本中。

最后，在故事的结尾处，叙述者直面读者，说了一句话：

> See，det var en rigtig Historie！（See，that was a real story！ 瞧！这是一个真正的故事！）

假设，如我所言，*rigtig*（真正的）衬托的是刻板印象，那么作者在这里对这个词的用法，恰恰说明我的断言至少在这句话中是准确的。这个“真正的故事”里有王子、公主、国王和王后等一套传统角色，有王子寻找公主和公主接受验证的桥段。王子的寻找以失败告终了，但他梦寐以求的公主最后自己找上门来，这样，王后就刚好可以在自己的地盘，而不是在一个国王、王后和王子都陌生的地方来验证公主的身份。总之，我会这样结束这个故事：

> **"You see, that was a real story."（"你们看吧，这是一个真正的故事"。）**

在我看来，这里的 you see 是对原文的 *See* 最贴近的对应了。

4 章内小结

在上文第二节中，我阐述了译者对原文采取美学态度的案例。在第三节，我记录了自己用美学态度处理原文时做的一系列翻译决策。我在翻译的时候，尽可能地去接近原文，跟埃利斯翻译但丁以及博厄斯-贝耶尔（Boase-Beier，2006a，2006b）翻译德语诗歌的做法一样。但是，第二节也讲到，巴尔默、图尼艾尔和奥库利亚纳出于各自对原文的理解，对文本性质以及读者因素的考虑，选择用另外的方式去进行翻译，他们认为必要时可以对原文进行补充（巴尔默、图尼艾尔）和改动（奥库利亚纳）。需要强调的是，这些案例表明，对原文采取美学态度、给予原文细致的关注，并不能决定译者 93
在翻译时采用什么样的整体策略或具体策略；但是，无论采用怎样的翻译策略，如果在翻译之前和在翻译过程之中对原文采取的是美学态度，那么这些策略成功的概率可能会大很多。我认为，用美学态度来处理原文会促进翻译的创造性，因为对原文了解越多，就越有可能在翻译时细致地考虑到许多因素。同样，如果译者努力的目标是为了让译文能够吸引读者也用美学态度去进行阅读，那么这也会反过来促进翻译的创造性。毕竟，译文是译者对原文的一种描述。

然而，如果译者并未对原文采取美学态度会怎么样呢？在下一节，我将讨论非创造性（a-creative）和非美学（an-aesthetic）翻译的一些特点（二者无须一致）。

5　非创造性、非美学翻译

在上面几节中，我举例说明了翻译时的一些创造性做法。在这一部分，我将讨论相反的情况，希望通过研究不寻常的大脑来了解正常的大脑（参见 Kandel，2018 等），通过分析一个非美学的翻译过程及其产出的作品来进一步证明我所认同的美学翻译。

有译者认为，原作中有些内容是不适合翻译的。例如，桑顿（Thornton）在翻译安徒生的作品（Andersen，1842）时省略了她认为"过于重复和诡异的段落"（Thornton，1985：8）。无论我们是否同意，这个观点已然存在了，所以译者必定也对相关内容给予了一定的关注，很可能也是美学关注；然而，不译（non-translation）或许是所有情形中最没有创造性的。

同样，玛丽·豪伊特（Mary Howitt，1799—1888）翻译安徒生作品时，也非常谨慎，这源于她对原文的密切关注以及对读者的考虑。例如，豪伊特对于《鹳鸟》（Storkene）（Anderson，1839，The storks）的以下段落是这样处理的：

> "Nu skal vi hævnes！" sagde de.
>
> "Ja vist！" sagde storkemoderen. "Hvad jeg havde udtænkt，det er just det rigtige!. . ."

意思是：

> "现在我们应该报仇了！"他们说。
>
> "当然！"鹳鸟妈妈说，"我有个好计划！……"

豪伊特的译文是：

> "Now let's have revenge", said they.
>
> "Leave off talking of revenge", said the mother. "Listen to me, which is a great deal better".
>
> （"现在让我们报仇吧，"他们说。
>
> "别再谈报仇了，"母亲说。"听我的，这样要好得多。"）

94

这显然不是一个翻译错误（相关理由请参阅 Malmkjær，2004），相反，我猜豪伊特很可能是给予了原文足够的关注，才会得出这样的结论。她认为不应该在儿童故事中鼓励报复情绪，尤其这种报复情绪来自一位母亲，于是她在自己的译文中做了相应的调整。这说明她对原文的阅读是美学式的，但这种美学态度却不一定能带来忠实于原文的创造性译文，因为翻译行为和创造性所要求的复制元素在她这部分译文中是缺失的。有一些学者认为，这样处理的内容根本就称不上翻译（参见 Low，即将出版）。

对原文的非美学关注会导致译文欠缺创造性，这一点在卡尔·马尔伯格（Carl Malmberg）1968 年翻译汤姆·克里斯滕森（Tom Kristensen，1893—1974）的小说《破坏》（*Hærværk*，1930）的案例中得到了更好的说明。丹麦作家兼评论家克劳斯·里布杰格（Klaus Ribbjerg，1931—2015）说，《破坏》或许可以定位为一本关于重复的书（Ribbjerg，1981：24）。这个故事中有许多事件的重复，文中也多次反复使用了丹麦语的 *gentagelse*（重复）一词。书中有一首诗，名为《焦虑》（Angst），对故事情节的发展起着一定的作用。在小说前面的部分，这首诗已经被完整地写了出来，在小说接近结尾处，这首诗中的两句诗又一次出现了，与第一次出现的地方相隔甚远。按照丹麦哲学家瑟伦·克尔凯郭尔（Søren Kierkegaard，1813—1855）的观点，这首诗涉及或者表达了焦虑概念的方方面面（Kierkegaard，1844）。焦虑是一个极其复杂的概念，简而言之，这是一种深刻的、令人不安的感觉，它不同于恐惧，可能比恐惧更令人不安，因为焦虑没有确定的对象。焦虑可以说是这部小说的一个中心主题，是 20 世纪 30 年代精神特征的反映。这首名为《焦虑》的诗，由小说中的一个关键人物所写，在故事中第一次出现时就被主人公读到了，而且那两句诗第二次出现时就被记住了，当时主人公正在经历一种体验，用现代的话说，就是崩溃（不过这两句诗让他得到了解脱）。此外，“焦虑”这个词还贯穿在整个文本中，主要用来描述主人公的惯常状态。

对于小说中重复出现的这两句诗，马尔伯格的译文前后是不相同的。在译作的第 54 页，马尔伯格的译文是（左边是原文，右边是马尔伯格的译文）：

Jeg har længtes mod skibskatastrofer	I have longed for the final disaster,（我渴望灭顶之灾，）
og mod hærværk og pludselig død	For havoc and violent death.（渴望浩劫和暴毙）

而第 414 页的译文是：

95 I have longed for shipwreck and disaster,
（我渴望沉船和灾难，）
For havoc and sudden death.
（渴望浩劫和猝死。）

可以说，这个失误（假定这是一个失误的话——因为很难推测出一个合理的解释）说明马尔伯格对自己的译文和对原文都缺乏关注。在接近译文结尾的时候，马尔伯格可能已经忘了这两句诗出自作品前面一首完整的诗，他甚至连自己之前的译文都忘了。书中紧接着的内容，是人物读到这两句诗时的暗自思忖："是斯特芬森（Steffensen）很久很久以前写的诗"（同一版本，第 428 页），这句话既包含又暗示了内容的重复，即便如此，译者还是失误了，这就不免更令人惊讶。类似的疏忽可能还表现在马尔伯格对下面内容的处理上：

> For hun var saa tilbageholdende. Eller han for lidt dristig.（Kristensen 1930：114）
>
> （For she was so reticent. Or he too little [insufficiently] daring.）
>
> （因为她太沉默寡言了。或者是他太不够大胆。）

他把这句话译为："因为她太过保守。还是他有点太大胆了？"（because she was so reserved. Or was it that he was a bit too bold? 第 108 页）。

马尔伯格的翻译跟原文的意思恰好相反，很可能是因为他把 for lidt 误读成了 lidt for，前者的意思是"太少了"，也就是说，还不够或者不充分，而后者的意思是"有点太多"（另见 Malmkjær，2009）。

正如许多翻译研究学者所指出的（如 Vienne，1994），一个译本所处的情境往往会对其形式和意义产生重大的影响。因此，把对文本的直接关注扩展到对其周围环境的关注上也十分重要。在上文第二节中，奥库利亚纳将 *fannulloni*（闲散的人）翻译为"闲散的富人”，以避免对失业听众的侮辱。这就是一个广泛关注译本所处环境的典型案例。有的译文因为缺乏对语境的考虑，很可能导致对原文的歪曲。例如，在奥斯陆比格多的维京船博物馆里，展出了一艘修复得最漂亮也是最完整的维京时期的船只，名为奥塞伯格号。这艘船建造于公元前 815 年至 820 年间，是以奥塞伯格农场命名的，该农场位于奥斯陆峡湾以西的维斯特福德郡，1903 年这艘船也是在这个地方被发现的。挪威考古学家哈肯·谢泰利格（Haakon Shetelig，1877—1955）和瑞典挪威考古学家加布里埃尔·古斯塔夫森（Gabriel Gustafson，1853—1915）共同带队，于 1904 到 1905 年间发掘出了这艘古船。自 1926 年以来，它一直被陈列在维京船博物馆里。

奥塞伯格号曾被用作两位重要女性的海葬船，当时，她们海葬途中所需的物品也都放在这艘船上。

在奥塞伯格号上发现的物品中有一块木头，上面刻着用北欧古文写就的铭文，如图 4-1 所示（见 www. arild-hauge. com/arild-hauge/103_N137-Oseberg_Oseberg_Oslo-Vikingskipshuset. jpg，2019 年 1 月 22 日访问）。

96

图 4-1　奥塞伯格号船上发现的木刻铭文（见 www. arild-hauge. com/arild-hauge/103_N137-Oseberg_Oseberg_Oslo-Vikingskipshuset. jpg，2019 年 1 月 12 日访问）

仅从字面来看，铭文的翻译大致如下：小/智慧/人类。这就假定了最后一个符文“m”代表 maðr，指的是“人、人类”，而符文

“u”则代表“v”，指的是 vis，“智慧”“明智”或“知识”。

2007 年 6 月 15 日，我最近一次参观这家博物馆，看到陈列在博物馆发掘区玻璃柜里的那根船木，上面用现代挪威语刻着的文字是 *lite klokt menneske*（“聪明的小个子人类”或“缺乏智慧的人类”），德语翻译是 *kleiner kluger Mensch*（聪明的小个子人类），而英文翻译则是 *unwise person*（不明智的人）。网站 www. arild - hauge. com/innskrifter1. htm（2019 年 1 月 22 日访问）提供了以下关于符文含义的信息：

> Tolkningen er usikker, men den mest vanlige er *litilvíss*（*er*）*maðr*. Den siste ‘m-runen’ blir da tolket som *maðr*- ‘*mann*, *menneske*’ - og ‘u-runen’ blir lest som ‘v’, og oversettes ‘*Lite vet mennesket*’.（The interpretation is uncertain, but the most common is *litilvíss*（*er*）*maðr*. Here, the final ‘m-rune’ is interpreted as *maðr*- ‘*man*, *human being*’ -and the ‘u-rune’ is read as ‘v’, and the text is translated as ‘*Lite vet mennesket*’ [*Little knows the human being*].
>
> [对符文的解读是不确定的，最常见的是 litilvíss（er）maðr。此处，最后的“m-rune”被解读为 maðr—“人、人类”——“u-rune”被读作“v”，因此，文本被翻译为“Lite vet mennesket”（人类所知甚少）。]

于是，这一行短短的符文就有了三个暂行译本。挪威语译本既可以指“聪明的小个子人类”，也可以指“缺乏智慧的人类”；德语译本的意思是“聪明的小个子人类”；英语译本的意思是“不明智的人”。但北欧古字符数据库显示的意思是“人类所知甚少”。在决定哪个译本最接近原文时，借助文本语境是颇有助益的。如前所述，原始的北欧古文出现在奥斯伯格号的一块木头上，而这艘船又是两位重要的维京女性的陪葬船。在这种情况下，“不明智的人”“聪明的小个子人类”和“人类所知甚少”三种解读中，最后一种的可能性似乎最大。它以句子的形式，表达了一种对人类境遇的感怀。相比之下，其他的译本都是标签式的名词短语。相比一个表示不明智的人或小个子人的名词短语，一句关于人类境遇的感怀似乎更适合作为铭文陪伴两具遗体完成最后的旅程。而且，关于人类境遇的表述，当然也比那些陈词滥调的名词短语更能呈现出一个更为正面的维京人的形象。这句话里表现出的维京人，懂得抽象思维，关心宏大的智慧和人类命题，能够意识到人类自身智慧的不足。这意味着人类拥有一种超越自我的思考能力，能够想象到在已知、已发现并已理解的东西之外，还有更多的事情需要去学习、发现和理解。虽
97 然我们肯定不应该被古代人的浪漫形象所左右，但这种诠释似乎与这艘船本身的美感并不相悖，而这艘船也毫无疑问是维京人自己制造的。船的图片见 www. vikingskip. com/osebergskipet. htm（2019 年 1 月 22 日访问）。

在刚才讨论的案例中，我认为给予原文美学关注有助于在一系列译文备选项中做出合理的选择，这也意味着，做出其他选择的译者可能并没有以美学态度来对待原文。但有一点很重要，那就是，

不能把不紧跟原文的翻译等同于非美学翻译，因为正如我们在上文第四节中看到的，译者可能会刻意让自己的译文与原文拉开距离，而原因恰恰是出于他们对原文的美学态度，以及对译文预期读者的某种考虑。

另外，语言问题也会让人很难按照美学眼光来进行翻译。例如，安徒生故事“Den grimmeÆlling”（《丑小鸭》，1843 年版）的第一句话以 *der* 开头，这个词在这里的功能类似于一个远端指示副词（相当于英语中的 there，“那边”），它拉开了叙述地点在叙述者和读者之间的距离。这个词以文学作品典型的开篇方式在故事中被反复使用，与此同时，叙述者逐渐把读者和自己带到了主角所在的确切位置。故事的准主人公是一只小鸭子，而鸭妈妈作为主角之一，最先出场。这时，鸭妈妈正在窝里孵小鸭。在叙述者到达鸭妈妈的位置时，作品也同步将读者带到了这里，方式是通过把远端指示副词 *der*（那边）换成近端指示副词 *her*（这边）。我把这段故事的丹麦语原文在下面呈现出来，地点指示副词 *der* 和 *her* 都用了黑体，*her* 还加了下画线，紧随其后的是（我的）英语译文，原封不动地保留了丹麦语原文中的地点指示副词。

> ***Der*** *var saa deiligt ude paa Landet; det var Sommer, Kornet stod guult, Havren grøn, Høet var reist i Stakke nede i de grønne Enge, og* ***der*** *gik Storken paa sine lange, røde Been og snakkede ægyptisk, for det sprog havde han lært af sin Moder. Rundtom Ager og Eng var* ***der*** *store Skove, og midt i Skovene dybe Søer; jo, der var rigtignok deiligt*

der*ude paa Landet! Midt i Solskinnet laae* ***der*** *en gammel Herregaard med dybe Canaler rundt om, og fra Muren og ned til Vandet voxte store Skræppeblade,* ***der*** *vare saa høie, at smaa Børn kunde staae opreiste under de største;* ***der*** *var ligesaa vildsomt* ***der****inde, som i den tykkeste Skov, og* ***her*** *laae en And paa sin Rede; hun skulde ruge sine smaa Ællinger ud, men nu var hun næsten kjed af det, fordi det varede saa længe...*

Der was so lovely out in the country; it was summer, the corn stood yellow, the oats green, the hay was raised in stacks down in the green meadows, and **der** walked the stork on his long, red legs and talked Egyptian, for that lan guage had he learnt from his mother. Around field and meadow were **der** large forests, and in the middle of the for-
98 ests deep lakes; yes, **der** was indeed lovely **der**ude in the country! In the middle of the sunshine lay **der** an old manor house with deep canals around it, and from the wall and down to the water grew large dock-leaves which were so high that small children could stand upright under the largest; **der** was just as wildsome **der**inde as in the thickest forest, and ***her*** lay a duck on her nest; she had to hatch her small ducklings out, but now was she nearly bored with it, because it took so long...

（那边的乡村真美啊。时值夏日，玉米金黄，燕麦嫩绿，干草在绿色的牧场上堆成了垛，鹳鸟在那边迈着又长又红的腿散步，一边讲着妈妈教他的埃及语。田野和牧场那边，周围是一片森林，森林中央是幽深的湖泊。真的，乡下那边真是美啊！阳光笼罩的那边是一幢老式的庄园宅第，周围是几条深水渠，从墙上到水里全都长满了大大的牛蒡叶子，高得小孩都能直着腰站到底下了。那边的荒凉劲儿，真赶得上深山老林了。这边有一只母鸭子正蹲在窝里孵小鸭。不过她这会儿几乎有点不耐烦了，因为已经孵了很久……）

如上所述，这是一个典型的文学文本的开篇段落，始于对一个地点的描述。该地点与叙述声音相比，位于远处的某个地方，是通过频繁使用远端地点指示副词 *der*（那边）来体现的，而且该词通常都位于句子的主题位（丹麦语和英语的句首位）。但是，这段话在最后快结束的时候，突然从远处转到了近处，并且将焦点推进到该段的核心位置/角色，即窝里的鸭妈妈。此时的叙述声音也已经转到了正在描述的位置。不再是“那边”，而是“这边”。这种变化通过动词 *at være*（to be）的过去时形态 var，以及表示现在的时间副词 *nu*（now）得到了强化，出来的效果其实像是“now was”（现在过去），是用现在的视角来讲述一个过去的事情。叙述声音把自己与鸭妈妈的位置安排在一起，用的词是“这边”，营造出了一种跟鸭妈妈共情的效果（Lyons，1977：677；Adamson，1994）。

在丹麦语原文中，*Der* 处在句首第一个词的位置，这强化了转换鸭窝指示词时的那种鲜明感。我认为安徒生这样做是有意为之的，目的是为了与文中其他地方使用该词的模式相吻合。很明显，英语不可能像丹麦语使用 *der* 那样使用 there，把它强行放在这样一个句首的位置，否则译文就会变成："There was so lovely out in the country."[①]要在英语中保留丹麦语主述位的句子结构，就需要把 it 放在句首，译为："It was so lovely out in the country."（乡村真美啊。）已故的蒂姆·约翰斯（Tim Johns，1936—2009）曾向我指出（个人交流），可以把这句话译为"There was no end of loveliness out in the country side."（那边的乡村真是美不胜收。）在我看来，放在这段话的上下文中，这会是一个很好的译文——不是因为 there 是对 *der* 的忠实翻译，而是因为选择 there，可以保留上文提到的叙述迁移，这一点或许只有通过对原文的美学解读才会被注意到。然而，就我所读到的翻译版本而言，没有任何一位译者采用这一方案：

Anon：How beautiful it was in the country！It was summer time；（乡村多美啊！ 夏天到了；）

Corrin：It was glorious out in the country. It was summer.（乡村风光旖旎。时值夏日。）

Dulcken：It was glorious out in the country. It was summer,（乡村很怡人。时值夏日，）

Haugaard：It was so beautiful out in the country. It was summer.（乡村太美了。时值夏日。）

Keigwin：Summertime！How lovely it was out in the country,（夏天来了！ 乡村太美了，）

Kingsland：It was so lovely out in the country！It was summer：

① 该句不符合英语语法。

（乡村太美了！ 时值夏日：）

Lewis：It was so delightful in the country. The air was full of summer;（乡村太怡人了。空气里满是夏天的味道；）

Peulevé：Summer had come and it was so lovely out in the country.（夏天来了，乡村可真美。）

Spink：It was so lovely out in the country! It was summer.（乡村可真美啊！ 时值夏日。）

Nunnally：It was so lovely out in the country. It was summer. 99
（乡村可真美啊！ 时值夏日。）

Frank and Frank：It was so lovely out in the country—it was summer.（乡村可真美啊——时值夏日。）

这个例子说明，即便译者很想根据美学解读来翻译原文，语言问题也可能成为障碍。但是，上面约翰斯建议的那个译文，也说明创造性翻译仍然是有可能的。约翰斯的译文之所以具有创造性，是因为他依据原文，创造了一种新的表达形式，从而实现了创新，没有别的人（在就我所知的译本中）做出过类似的翻译。

在结束这一章之前，还有一点需要指出，即对原文进行美学解读常常会促使译者进行一些协调，但这却不一定会导致玛丽·豪伊特那种全然背离原文的情况（见 Malmkjær，2004）。我们来看一下与豪伊特差不多同时代的亨利·威廉·德尔肯（Henry William Dulcken，1832—1894）对同一段落的译文。他的译文充分再现了原作中鹳妈妈对孩子们复仇提议的答复（Dulcken，1866：153）：

"Now we will be revenged!" they said.

"Yes. Certainly!" said the Mother-Stork. "What I have thought of will be the best".

（"现在我们要复仇了！"他们说。

"是的，当然！" 鹳妈妈说，"我想的复仇计划会是最好的。"）

总体而言，德尔肯没有像豪伊特那样对原文严格审查，但当他需要干预时，他会比豪伊特更加关心如何尽可能多地保留原文。例如，安徒生在《梦神》（Ole Lukøie）中有一段话（1842，我的译文，黑体强调为我所加）：

...and they all talked about themselves, except **the spittoon**, which stood silent, cross that they could be so vain as to only talk about themselves and only think about themselves and have no thought for it, even though it stood so humbly in the corner and let itself be **spat** on.

（……他们都在谈论自己，除了**痰盂**，它静静地站在那里，气愤于他们可以虚荣到只谈论自己，只考虑自己，而不想到它，只有它卑微地站在角落里，任人**唾弃**。）

豪伊特（Howitt，1846：4-5）的译文如下（黑体强调为我所加）：

Everything talked except **the old door mat**, which lay silent, and was vexed that they should be all so full of vanity as to talk of nothing but

> themselves, and think only about themselves, and never have one thought for it which lay so modestly in a corner and let itself be **trodden** upon.
>
> （大家都在说话，除了那张**旧门垫**，它静静地躺着，心烦意乱，大家都那么虚荣，只谈论自己，只想着自己，从没想到它就这样谦卑地待在角落，任人**践踏**。）

相比之下，德尔肯（Dulcken，1866：104，黑体强调为我所加）避开了吐痰的行为，从而减弱了这件事的冒犯感。他只提了痰盂的使用，其余的则留给读者去想象：

> each spoke of itself, with the exception of the **spittoon** , which stood silent, and was vexed that they should be so vain as to speak only of
> themselves, and think only of themselves, without any regard for him 100
> who stood so modestly in the corner for everyone's use.
>
> （大家都在自说自话，只有**痰盂**静静地立在那里，恼怒于大家都虚荣到只谈自己，只想着自己，完全无视它谦卑地立在角落，供大家使用。）

类似地，德尔肯以富于创造性的优雅手法，成功地翻译了安徒生的《天堂花园》（The Garden of Paradise ，1838）中一段相当明显的性诱惑描写。安徒生的原文如下，后面括号里附了我的字面注释：

> *De skjønneste Piger, svævende og slanke, klædte i bølgende Flor, saa*

> *man saae de deilige Lemmer, svævede in Dandse.*
> (The most beautiful girls, gliding and slim, dressed in waving gauze so you could see their lovely limbs, floated in dances.)
> （最美的姑娘们，飘逸而苗条，她们穿着飘飞的纱裙。你可以透过纱裙看到她们曼妙的身躯，随着舞步起伏）。

德尔肯的译文避免提及可能会带有冒犯性或造成尴尬的“身躯”，而是让读者自行去想象那种透明或者半透明的纱裙下可能看的画面（Dulcken，1866：648）：

> The most beautiful maidens, floating and slender, clad in gauzy mist, glided by in the dance.
> （最美的姑娘们，飘逸而苗条，她们穿着薄雾般的纱裙，翩然起舞。）

通过“gauzy mist”（薄雾般的纱裙），德尔肯的译文足以向大多数读者传达了原文的视觉感。而相比之下，豪伊特（Howitt，1864：86）的译文却进行了相当多的删减：

> The most beautiful maidens floated in the dance（最美的姑娘们翩然起舞）

在安徒生的另一作品《玫瑰精灵》(The Rose Elf，1839）中，一位小伙子为了让未婚妻的兄长允可他们的婚事，决定外出寻找发迹的机会。他对自己的未婚妻说：

Farvel min søde Brud, for ***det er*** *Du mig dog!*

这句话的意思是："Goodbye my sweet bride, for that is what you **are** to me, after all!"（再见了，我甜美的新娘，你**就是**我的新娘！）

豪伊特（Howitt，1864：56）干脆没有翻译这句话，而德尔肯则是通过改变时态，对此进行了保留（Dulcken，1866：376），译为：Farewell, my sweet bride, for that you **shall be**！（再见了，我甜美的新娘，你**一定会是**我的新娘！）

所以说，两位译者很可能都是在采用美学态度来阅读原文，这让他们能够识别出文中潜在的冒犯性内容和表达方式。但是，豪伊特倾向于不对原文进行描述式翻译，而德尔肯则似乎是尽其所能地在译文中对原文进行最贴近的描述。

然而，正如本章最后一节将要列举的例子会说明的那样，这两种解决方案——或多或少都是对原文的描述——没有哪个方案自始至终，或时时处处都是最适合的。

6　回到创造性 101

在第三章中，我讨论过彼得·赫格的《斯坎德堡森林公园》（*Frøken Smillas fornemmelse for sne*，1992）这一作品中斯坎德堡镇（Skanderborg）的名称翻译问题。这个地名原文的上下文是这样的

（Høeg，1992：13）：

> *For nogle år siden målte de lyset ved Siorapaluk. Fra december til februar, tre måneder hvor solen er borte. Man forestiller sig en evig nat. Men der er månen og stjernerne, og af og til nordlyset. Og sneen. De registrerede samme antal lux som udenfor Skanderborg.*
>
> (Some years ago they measured the light at Siorapaluk. From December to February, three months when the sun is gone. You imagine an eternal night. But there are the moon and the stars, and now and then the northern lights. And the snow. They registered the same number of lux as outside Skanderborg.)
>
> （几年前，他们在希奥拉帕鲁克计量过光照时长。从十二月到二月，这三个月见不到太阳。你可以想象，那是一个永恒的夜晚，但是有月亮，有星星，偶尔还有北极光，有雪。这与斯坎德堡附近的光照情况一样。）

第三章谈到，该作品的两个英译本（Høeg/David，1993：8；Høeg/Nunally，1994：7）都把斯坎德堡译为“丹麦一个中等规模的偏远城镇”。事实的确没错，但是，这个地方显然并不叫这个名字。很明显，如果换一个语境，这样翻译斯坎德堡可能就行不通了。但是英译本译文提供了关于该地的信息，这些信息足以让读者对该地的光照情况做出判断，而这也正是这段话的主题。

我们再来看芭芭拉·哈维兰（Barbara Haveland）翻译赫格的

《丹麦梦的历史》（*The History of Danish Dreams*，1988）第 331—332 页的这段话：

> All of this Mads senses, at this moment, with the kind of clarity that follows a bad hangover or a long illness—not because he is clairvoyant but because he was born to the sensitivity and confusion of this century. And I know what I am talking about, because I am him—from now on you can call me Mads.
> （此时此刻，马兹用一种宿醉或久病后的清醒感受着这一切。并不是因为他有洞察力，而是因为他生在这样一个又敏感又迷茫的时代。而且我说的都是真的，因为我就是他——从现在起你可以叫我马兹。）

我认为，任何不懂丹麦语的英语读者都不太可能会发现这段话有什么特别之处，除了这个人物的外国名字之外。但是，在他们读这本书的过程中，这个名字也已变得很熟悉了，因为马兹是书里的一个主要角色。下面这段话是非常贴近原文的一种描述性翻译（Høeg，1988：334）：

> og alt dette føler Mads dette øjeblik med en klarhed som efter svære 102
> tømmermænd eller lang tids sygdom, og det er ikke fordi han er clairvoyant men fordi han er født til dette århundredes følsomhed og forvirring, og jeg ved hvad jeg taler om, for det er mig der er ham, fra nu

af kan I kalde mig Mads.

(and Mads feels all this at this moment as clearly as after a severe hangover or a long illness, and it is not because he is clairvoyant but because he was born to this century's sensitivity and confusion, and I know what I am talking about, because it is I who am he, from now on you can call me Mads.)

(而马兹此时此刻对这一切的感觉清晰得就像是严重的宿醉或长期生病之后的感觉，并不是因为他有洞察力，而是因为他生在了这样一个又敏感又迷茫的时代。而且我说的都是真的，因为他，正是我本人——从现在起你可以叫我马兹。)

除了助动词和主语 *kan I*（can you）必须在英语中倒置为“you can”（你可以），英语的字面注释和译文都忠实地呈现了原文的最后一句话。但是，原文的这句话使用了修辞，而修辞往往是最难处理的，因为译者需要决定是否要在译文中对该修辞予以保留，而前提是译入语中已有现成的表达；或者译者需要决定是否对该修辞进行释义，还是选用其他的方法来营造原文的效果。此处的修辞依据的是 http://dankeExpress.dk/du-maa-kalde-mig-mads-hvis/（2018 年 12 月 11 日访问），“en stærk forsikring om, at noget forholder sig, som man påstår”（坚决保证某事绝对如某人所言）。换言之，相当于“如果（我刚才说过的话）有假，你可以去怪马兹”。

我不想过多讨论这句话在小说的上下文中可能被如何解读，不过细心的译者或许会注意到，这样的说法的确会强化内容的真实性。但是，这是一部小说，而且是一部名为 *Forestilling om det tyvende århundrede* 的小说，意思是“关于 20 世纪的展示/想象/呈现”（Presentation/imagining/performance of/about the twentieth century）。在该小说的英译本《丹麦梦的历史》中，哈维兰选择直译这句话：“从现在起，你可以叫我马兹”（from now on you can call me Mads）。她本可以译为“从现在起，你可以叫我示巴女王”（from now on you can call me Queen of Sheba），因为在英语中“if x，then I am the Queen of Sheba”（如果 x，那我就是示巴女王）与丹麦语中“if x then you can call me Mads”（如果 x，那你可以去怪马兹）的用法大致相同。例如，英国国家语料库（https://corpus. byu. edu/bnc/？2019 年 2 月 18 日访问）中有这样一个例子：“Tell him that if he's Linford Christie，you' re the **Queen of Sheba**”（跟他说，如果他是林福德·克里斯蒂，你就是示巴女王），而 Ordnet. dk（https://ordnet. dk/korpusdk/teksteksempler/sogeresultat，2019 年 2 月 18 日访问）提供的例子是：“Og man må kalde mig Mads hvis det ikke resulterer I en report. . . ”（And you can call me Mads if it does not result in a report，如果我所言有假，那你可以去怪马兹）。然而，示巴女王这个俗语在这里显然不太好用，因为没有必要过度执着于要在译文中把原文的俗语意味保留下来。这里节选的这段话出现在小说即将结尾的地方，而且在原作中，这个修辞手法从容而幽默地强调了之前所发生的一切的虚构性。也许“从现在起你可以叫我马兹”对不懂丹麦语的译文读者来说并没有那么强烈的感受，但是哈维兰的译法其实只丢失了一丁点原文“fra nu af kan I kalde mig Mads”会创造出的那种本地人才懂的讽刺意味。这本书所讲

103 述的故事，其虚构性是毋庸置疑的，事实上，这一点从一开始就得到了强调。故事发生在1520年，可是第一部分的主人公卡尔·劳里德斯（Carl Laurids）据说是出生于1900年的新年前夜。他出生的地方是莫克伊的一个乡村庄园，那里的时间在莫克伊伯爵（Count of Mørkhøj）的命令下至少静止了200年，伯爵坚信宇宙的中心就是他的庄园。如前所述，我们讨论的这段话取自故事的结尾，这段话中的非历史（虚构）人物马兹，突然发现自己是整个故事的叙述者。我认为这部小说的英译本在总体上向英语读者提供了足够强烈的文本类型暗示，让读者在发现马兹是自己家族史的叙述者时也能够觉得合理，尽管在丹麦语原文中，马兹在揭示自己身份时使用的修辞手法会给原文读者带去那种只有当地人才懂的讽刺效果，而这一点译文读者可能就无法体会了。

所以我们已经看到，在“斯坎德堡”的例子中，译者没有对这个地名进行音译，而是选择了对它是个什么样的城镇进行描述（重要的是，这并不是对斯坎德堡本身的描述）。但是在“马兹”的例子中，译者选择通过音译来复制这个名字。我推测，这两个案例中的翻译决策都是出于译者对原文所持的美学态度，但是两处的译文都没有带来斯克鲁顿所认同的那种对事物的美学反应。在我看来，态度是有的，但描述还是匮乏。那么，这种情况如何与我提出的美学态度会促进创造性翻译，以及创造性翻译就是对原文的描述的观点相调和呢？

有一个办法可以处理这个难题，那就是考察人名和地名等专有名词的性质。根据克里普克（Kripke，1972/1980）的观点，专有名词都是没有意义的。例如，即使达特河（Dart）改道，现在这个被称作达特茅斯（Dartmouth）的小镇依然可以叫这个名字，因为（Kripke，1972/1980：26，斜体保留自原文）：

> 这个镇子叫“Dartmouth”，*意思*并不是说它位于 Dart（达特河）的 mouth（入口）。如果有人说达特茅斯不在达特河的入口处，也并没有说错。①

同样地，如果一个孩子取名叫 Kirsten（科斯滕），也并不一定指的是“基督的追随者”，即便这个名字本来的确是这个意思（根据 www.thinkbabynames.com/meaning/0/Kirsten，2018 年 12 月 11 日访问）。当然，在一些文学作品中，名字是有意义的。例如，查尔斯·狄更斯（Charles Dickens）经常会给人物取名来暗示他们的个性。然而，他之所以能够做到这一点，是因为他给角色取名的时候，会同时描述角色，还会讲述他们的行为举止。大多数人给孩子取名是希望他们能人如其名，选名字也可能单纯是因为喜欢，仅此而已。尽管如此，翻译中有时的确会根据新的语境来改动原文的人名。科瓦尔 104
（Qvale，2003：21，我的译文）曾指出：

> 在《苏菲的世界》（*Sophie's World*）中，（许多人可能都知道）有好几个人物都被改了。比约恩·比约森（Bjørnstjerne Bjørnson）变成了托马斯·哈代（Thomas Hardy），克努特·哈姆松（Knut

---

① Dartmouth 通常音译为“达特茅斯”，该英文地名的字面意思是“达特河的入口”。

Hamsun）变成了约翰·斯坦贝克（John Steinbeck），亨里克·韦格兰（Henrik Wegeland）变成了拜伦勋爵（Lord Byron），约翰·塞巴斯蒂安·韦尔哈文（Johan Sebastian Welhaven）变成了珀西·比什·雪莱（Percy Bysshy Shelley）。①

这可能是因为译者保丽特·莫勒（Paulette Møller）不无道理地认为，一个在英国生活的苏菲不可能知道那些挪威作家的名字，所以这些名字要被英国作家的名字所取代。同样，南希·谢泼德（Nancy Sheppard）的皮坚加加拉印第安语（Pitjantjatjara）和英语双语版的《阿利吉亚·恩古拉·特朱库特贾兰加/梦幻时间里的阿利杰》（*Alitjinya ngura tjukurtjaranga / Alitje in the dreamtime*，1975/1992）是刘易斯·卡罗尔（Lewis Carroll）的《爱丽丝梦游仙境》（*Alice in Wonderland*，1865）的一个翻版，在这部作品中，爱丽丝（Alice）变成了皮坚加加拉印第安语版本中的阿利杰（Alitje）。

7 小结

在这一章中，我介绍了30位译者对自己翻译工作的一些主张，以此来展示译者对原文所持的美学态度（第二节）。此外，我还描述了自己用美学态度翻译一篇短文的过程，分析了我为何以及如何选择相应的译法（第三节）。在第五节，我阐释了对非美学、非创造性

① 这里的 *Sophie's World* 指的是保丽特·莫勒（Paulette Møller）的英译本。

翻译的理解。第六节又回到了创造性译文和创造性翻译过程。

在下一章，也就是本书的最后一章当中，我将总结书本所讨论的内容，归纳一些普遍性的结论。

第五章

结语

在本书序言里，我就强调了人们对于创造性的着迷。创造性的魅力已经远远超出艺术和艺术家的世界，体现在人们日常休闲活动、商业、贸易以及学术等诸多不同领域的社会语篇当中，涉足心理学、政治学、教育学、经济学、领导力研究和服装设计等。尽管创造性与危险概念之间有着某种暧昧的联系，但是创造性集中体现了各类人群眼中美好和令人向往的东西。我想说的是，在这美好又令人向往的公共和私人生活领域，应该合情合理地有着翻译活动和翻译作品的一席之地。

为此，我在第一章着重探讨创造性的概念。采用的是一种历史学方法，回顾了康德关于创造性的启蒙性著作以及后人关于创造性的观点。在这些后来的观点当中，可以看到许多康德思想的影响，但后人的观点在判断谁有可能具有创造性以及什么样的作品富有创造性方面，往往有着更强的包容性。受雷恩的启发（Rehn，2011：137），我认为，尽管创造性的本质是为世界带来新事物，但是复制也是创造性的组成部分。这一观点很好地解释了译作的新颖性及其与原作的关系，让我们知道，译作也是一个全新的文本。

在第二章中，我将翻译的概念及特征与创造性的概念及特征进行了比较，确认了一件事，即翻译能够满足我们对创造性活动的所有期望。

在将翻译确认为一种创造性活动之后，我在第三章开始考察对翻译过程的阐述。这一章讨论了语言哲学和翻译过程研究的相关论述，包括翻译过程的思辨性研究和实证性研究，我认为这些研究说明了翻译过程的独特性，它们也为翻译理论和实践带来了多重影
106 响。此外，我还介绍了对原文和译文采取的美学态度，认为这是进行创造性翻译的关键因素，尽管其本身并不足以带来创造性翻译。

在第四章，我通过介绍30位译者对自己译作节选的分析，证实了美学态度在翻译中的重要性。这些译者，都是所谓的艺术文本译者，因为这类文本的译者往往会把自己的翻译思想发表出来，谈论他们的翻译行为和翻译动机。我还描述了自己将一个短篇作品从丹麦语译入英语的过程。之后，分析了一些或缺乏创造性或缺乏美学态度，或两者皆无的译者的翻译。我认为，要使翻译具有创造性，就必须努力运用美学态度所包含的描述性因素来对待翻译任务。

在这本书的写作中，借鉴了创造性理论、哲学美学、语言哲学、翻译实证研究、翻译理论研究，以及译者对自己翻译工作的阐述。我认为，这些都使本书的主题更加综合化了，同时又不止于此。我相信，通过展示这些不同主题与翻译研究的相关性，翻译行为的复杂性以及翻译作品所涉内容的庞杂性得到了进一步的突显，其庞杂性体现在对生活、对文本以及对文本性的认识和理解上。翻译活动是值得尊重的，该活动带来的作品亦是如此。

参考文献

Aarne, Antti. 1961. *The Types of the Folktale: A Classification and Bibliography*. Helsinki: The Finnish Academy of Science and Letters.

Adamson, Sylvia. 1994. Subjectivity in narration-empathy and echo. In Yaguello, Marina (ed.) *Subjecthood and Subjectivity*. Paris: Ophrys, pp. 193–208.

Aixàs, Marissa. 2007. The process of transposing 'Anna Livia Plurabelle' into Catalan: Some reflections and considerations. In Bosinelli, Maria B., and Bulzoni, R. (eds.) *Joyce Studies in Italy*. Rome: Bulzoni Editore, pp. 143–148.

Alfer, Alexa (ed.). 2017. 'Translaboration': Translation as Collaboration. Special Issue. *Translation and Translanguaging in Multilingual Contexts* 3(3): 275–290.

Amadou, Anne-Lisa. 1991. Når språket blir mimetisk [When language becomes mimetic]. In Qvale, Per, Christensen, Bente, Hølmebakk, Gordon, and Schult Ulriksen, Solveig (eds.) *Det Umuliges Kunst: Om å Oversette* [The art of the impossible: About translating]. Oslo: Aschehough, pp. 80–88.

Andersen, Hans Christian. 1839. 'Storkene'. Published in Mary Howitt's translation in 1846 as 'The Storks', in *Wonderful Stories for Children. By Hans Christian Anderson* [sic], *Author of 'The Improvisatore' etc*. London: Chapman and Hall.

Andersen, Hans Christian. 1842. *En Digters Bazar*. Copenhagen: Reizel. Translated by Grace Thornton as *Hans Christian Andersen: A Visit to Germany, Italy and Malta*, 1840–1941. 1985. London: Peter Owen.

Andreasen, Nancy C. 1987. Creativity and mental illness: Prevalence rates in writers and their first-degree relatives. *American Journal of Psychiatry* 144(10): 1288–1292.

Andreasen, Nancy C. 2005. *The Creative Brain: The Science of Genius*. New York: Penguin. Ardila, Alfredo. 2018. Language disorders, interpreting, and translation. In Malmkjær, Kirsten (ed.) *The Routledge Handbook of Translation Studies and Linguistics*. London: Routledge, pp. 267–280.

Aristotle. (3?? /1927). *The Works of Aristotle: Translated into English under the Editorship of W. D. Ross, M. A.* Volume VII, *Problemata by E. S. Forster*. Oxford: Clarendon Press.

Arnold, Matthew. 1861/1960. *On Translating Homer*. London: Longman, Green, Longman, and Roberts. Reprinted in *Matthew Arnold: On the Classical Tradition* edited by R. H. Super. Ann Arbor: University of Michigan Press, 1960, pp. 97–216.

Arrowsmith, William, and Shattuck, Roger (eds.). 1961. *The Craft and Context of Translation*. Austin: The University of Texas Press.

Austin, John L. 1962. *How to Do Things with Words*. Oxford: Clarendon Press.

Baker, Mona. 1993. Corpus linguistics and translation studies: Implications and applications. In Baker, Mona, Francis, Gill and Tognini-Bonelli, Elena (eds.). *Text and Technology. In Honour of John Sinclair*. Amsterdam: Jons Benjamins, pp. 233-250.

Baker, Mona. 2000. Towards a methodology for investigating the style of a literary translator. *Target* 12(2):241-266.

Baker, Mona. 2018 (1st edition 1992). *In Other Words: A Coursebook on Translation*. London: Routledge.

Balmer, Josephine. 2004a. *Catullus: Poems of Love and Hate*. Newcastle upon Tyne: Bloodaxe Books.

Balmer, Josephine. 2004b. *Chasing Catullus: Poems, Translations and Transgressions*. Newcastle upon Tyne: Bloodaxe Books.

Balmer, Josephine. 2009. *The Word for Sorrow*. Cambridge: Salt. Balmer, Josephine. 2013. *Piecing Together the Fragment: Translating Classical Verse, Creating Contemporary Poetry*. Oxford: Oxford University Press.

Barrantes-Vidal, N. 2004. Creativity & madness revisited from current psychological perspectives. *Journal of Consciousness Studies* 11(3-4): 58-78.

Bernardini, Silvia. 2001. Think-aloud protocols in translation research: Achievements, limits, future prospects. *Target* 13(2): 241–263.

Beylard-Ozeroff, Ann, Králová, Jana, and Moser-Mercer, Barbara (eds). 1998. *Translators' Strategies and Creativity: Selected Papers from the 9th International Conference on Translation and Interpreting, Prague, September 1995*. Amsterdam and Philadelphia: John Benjamins Publishing Company.

Blackburn, Simon. 1994. *The Oxford Dictionary of Philosophy*. Oxford: Oxford University Press.

Boase–Beier, Jean. 2006a. Loosening the grip of the text: Theory as an aid to creativity. In Perteghella, Manuela, and Loffredo, Eugenia (eds.) *Translation and Creativity: Perspectives on Creative Writing and Translation Studies*. London: Continuum, pp. 47–56.

Boase-Beier, Jean. 2006b. *Stylistic Approaches to Translation*. Manchester: St. Jerome Publishing.

Boase-Beier, Jean. 2010. Who needs theory? In Fawcett, Antoinette, Guadarrama García, Karla L. and Hyde Parker, Rebecca (eds.) *Translation: Theory and Practice in Dialogue*. London: Continuum, pp. 25–38.

Boase-Beier, Jean, and Holman, Michael (eds.). 1999. *The Practices of Literary Translation: Constraints and Creativity*. Manchester: St Jerome.

Boden, Margaret. 1990/2004. Creativity in a nutshell. www. researchgate.

net/pro- file/Margaret_Boden/publication/209436199_Creativity_in_a_nutshell/links/ 5424477c0cf26120b7a732d4/Creativity-in-a-nutshell. pdf. Reprinted from pp. 1-10 of M. A. Boden 1990. *The Creative Mind: Myths and Mechanisms*. London: Routledge [accessed 4 April 2018].

Borius, Pierre-Yves, Giussani, Carlo, Draper, Louisa, and Roux, Franck-Emmanuel. 2012. Sentence translation in proficient bilinguals: A direct electrostimulation brain mapping. *Cortex* 48: 614-622.

Börsch, Sabine. 1986. Introspective methods in research on interlingual and intercultural communication. In House, Juliane, and Blum-Kulka, Shoshana (eds.) *Interlingual and Intercultural Communication: Discourse and Cognition in Translation and Second Language Acquisition*. Tübingen: Gunter NarrVerlag, pp. 195-209.

Bosseaux, Charlotte. 2007. *How does it Feel? Point of View in Translation*. Amsterdam: Rodopi.

Bowman, Martin. 2007. From Rouyn to Lerwick: The vernacular journey of Jeanne Mance Delisle' s 'The Reel of the Hanged Man'. In Andermann, Gunilla (ed.) *Voices in Translation: Bridging Cultural Divides*. Clevedon: Multilingual Matters Ltd, pp. 16-31.

Brandt, Anthony, and Eagleman, David. 2017. *The Runaway Species: How Human Creativity Remakes the World*. Edinburgh: Canongata.

Briggs, Kate. 2017. *This Little Art*. London: Fitzcarraldo Editions.

Brown, Penelope, and Levinson Stephen C. 1987. *Politeness: Some Univer-*

sals in Language Usage. Cambridge: Cambridge University Press. First published 1978 as part of Goody, Esther N. (ed.). *Questions and Politeness*. Cambridge University Press.

Burrai, F. Hasan, W., Fancourt, D. Luppi, M., and Di Somma, S. 2016. A randomised con trolled trial of listening to recorded music for heart failure patients study protocol. *Holistic Nursing Practice* Mar-Apr 30(2): 102–115. www. ncbi. nlm. nih. gov/pubmed/ 26871248 doi: 10. 1097/HNP. 0000000000000135.

Bush, Peter. 2006. The writer of translations. In Bassnett, Susan, and Bush, Peter (eds.) *The Translator as Writer*. London: Continuum, pp. 24–32.

Cameron, Lynne. 2011. Metaphor in prosaic and poetic creativity. In Swann, Joan, Pope, Rob, and Carter, Ronald (eds.) *Creativity in Language and Literature: The State of the Art*. Houndmills: Palgrave Macmillan, pp. 68–82.

Campbell, Gordon. 2010. *Bible: The Story of the King James Version* 1611–2010. Oxford: Oxford University Press.

Campbell, Joseph. 1949; 2nd edition 1968. *The Hero with a Thousand Faces*. Princeton: Princeton University Press.

Campbell, Stuart. 2000. Critical structures in the evaluation of translations from Arabic into English as a second language. *The Translator* 6(2): 211–229.

Cao, Deborah. 2007. *Translating Law*. Clevedon: Multilingual Matters.

Carvalho Homem, Rui. 2004. Richard III in space and time: On translating Shakespeare into Portuguese. *Translation and Literature* 13(1): 80–93.

Clark, Noel. 1996. Translating for the love of it. In Johnston, David (ed.) *Stages of Translation*. Bath: Absolute Classics 23–34.

Clifford, John. 1996. Translating the spirit of the play. In Johnston, David (ed.) *Stages of Translation*. Bath: Absolute Classics 263–270.

Colina, Sonia. 2015. *Fundamentals of Translation*. Cambridge: Cambridge University Press.

Colligan, J. 1983. Musical creativity and social rules in four cultures. *Creative Child and Adult Quarterly* 8(1): 39–47.

Collingwood, Robin George. 1938. *The Principles of Art*. Oxford: Clarendon Press.

Cook, Guy. 2011. In defence of genius. In Swann, Joan, Pope, Rob, and Carter, Ronald (eds.) *Creativity in Language and Literature: The State of the Art*. Houndmills: Palgrave Macmillan, pp. 290–303.

Cowper, William. 1791. *The Iliad of Homer*. London. Reprinted in *The Letters and Prose Writings of William Cowper*. Volume 5: *Prose* 1756–c. 1799 *and Cumulative Index*. Edited by James King and Charles Ryskamp. Oxford: Clarendon Press. 1986.

Cradock, Joseph. 1828. Anecdotes of Dr Johnson, by Mr Cradock. *The Gentleman's Magazine, and Historical Chronicle* 98(1): 21–26.

Crawford, Donald W. 1982/2003. Kant's theory of creative imagination.

Reprinted from *Essays in Kant' s Aesthetics* edited by Ted Cohen, and Paul Guyer, Chicago: University of Chicago Press, pp. 151-178 in Guyer, Paul (ed.) 2003. *Kant' s Critique of the Power of Judgement: Critical Essays*. Lanham, MD: Rowman & Littlefield, pp. 143-170.

Crow, T. J. 2008. The 'big bang' theory of the origin of psychosis and the faculty of language. *Schizophrenia Research* 102: 31-52.

Csikszentmihalyi, Mihaly. 1996/2013. *Creativity: The Psychology of Discovery and Invention*. New York: Harper Perennial Modern Classics. First published in 1996 by Harper Collins Publishers.

Curtiss, Susan. 1977. *Genie: A Psycholinguistic Study of a Modern-Day 'Wild Child'*. London: Academic Press.

Danchev, Alex. 2014. Inside the rag and bone shop of the heart. *Times Higher Education* 2-8 October 2014: 46-47.

Danto, Arthur C. 2013. *What Art Is*. New Haven: Yale University Press.

Davidson, Donald. 1967/1984. Truth and meaning. Reprinted in *Inquiries into Truth and Interpretation*. Oxford: Clarendon Press, pp. 17-36 from *Synthèse* 17, 1967, pp. 304-323.

Davidson, Donald. 1973/1984. Radical interpretation. Reprinted in*Inquiries into Truth and Interpretation*. Oxford: Clarendon Press, pp. 125-39 from *Dialectica* 27, 1973, pp. 313-328.

Davidson, Donald. 1978/1984. What metaphors mean. *Critical Inquiry* 5: 31-47. Reprinted in *Inquiries into Truth and Interpretation*. 1984. Oxford: Clarendon Press, pp. 245-264.

Davidson, Donald. 1986. A nice derangement of epitaphs. In LePore, Ernest (ed.) *Truth and Interpretation: Perspectives on the Philosophy of Donald Davidson*. Oxford: Basil Blackwell, pp. 433 - 446. Also in Richard E. Grandy and Richard Warner (eds.). 1988. *Philosophical Grounds of Rationality: Intentions, Categories, Ends*. Oxford: Clarendon Press, pp. 157-174.

Delabastita, Dirk. 1997. *Traductio. Essays on Punning and Translation*. Manchester: St. Jerome Publishing.

Di Giovanni, Norman Thomas. 2003. *The Lessons of the Master: On Borges and His Work*. London: Continuum.

Dickens, Eric. 2009. Macaronics, regionalism, and translation in Finland-Swedish literature. In Epstein, B. J. (ed.) *Northern Lights: Translation in the Nordic Countries*. Oxford: Peter Lang, pp. 125-135.

Dickins, James. 2005. Two models for metaphor translation. *Target* 17(2): 227-273.

Dickins, James. 2018. Tropes and translation. In Malmkjær, Kirsten (ed.) *The Routledge Handbook of Translation Studies and Linguistics*. London: Routledge, pp. 208-232.

Dissanayake, Ellen (ed.). 1992/1995. *Homo Aestheticus: Where Art Comes From and Why*. Seattle: University of Washington Press.

Doorly, Patrick. 2013. *The Truth About Art: Reclaiming Quality*. Winchester: Zero Books.

Dryden, John. 1680. *Translation of Ovid' s Epistles*. London: Jacob Tonson. Reprinted in *The Works of John Dryden*. Volume XII. Edinburgh: William Paterson, 1885.

Dulcken, Henry W. (tr.). 1866. *Stories for the Household by Hans Christian Andersen*. London: Routledge.

Ellis, Steve. 1998. Decanonising the canon: The role of the translator? In Bush, Peter, and Malmkjær, Kirsten (eds.) *Rimbaud's Rainbow: Literary Translation in Higher Education*. Amsterdam: John Benjamins Publishing, pp. 63-68.

Elton-Chalcraft, Sally (ed.). 2015. *Teaching Religious Education Creatively*. London: Routledge.

Englund Dimitrova, Birgitta, and Tiselius, Elisabet. 2009. Exploring retrospection as a research method for studying the translation process and the interpreting process. In Alves, Fabio, Gopferich, Suzanne, and Mees, Inger M. (eds.) *Methodology, Technology and Innovation in Translation Process Research*. Copenhagen: Samfundslitterature, pp. 109-134.

Ericsson, Karl Anders, and Simon, Herbert A. 1980. Verbal reports as data. *Psychological Review* 87(3): 215-251.

European Union. 2009. *Manifesto*. Brussels, Belgium: European Ambassadors for Creativity and Innovation.

Fancourt, Daisy, and Perkins, Rosie. 2017. The impact of maternal singing on glucocorticoids, cytokines, anxiety, affect and mother-infant bonding. *Psychoneuroendocrinology* 83: 83. https://doi.org/10.1016/j.

psyneuen. 2017. 07. 461.

Fancourt, Daisy, and Perkins, Rosie. 2019. Creative interventions for symptoms of post-natal depression: A process evaluation of implementation. *Arts and Health* 11 (1): 38–53. doi: 10. 1080/17533015. 2017. 1413398.

Federici, Federico M. (ed.). 2011. *Translating Dialects and Languages of Minorities: Challenges and Solutions*. Bern: Peter Lang.

Fisher, Lina. 2010. Theory and practice of feminist translation in the 21st century. In Fawcett, Antoinette, García, Guadarrama, Krla, L., and Hyde Parker, Rebecca (eds.) *Translation: Theory and Practice in Dialogue*. London: Continuum, pp. 67–84.

Fodor, Jerry. 1983. *The Modularity of Mind*. Cambridge, MA: MIT Press.

Fromkin, Victoria, Krashen, Stephen, Curtiss, Susan, Rigler, David, and Rigler, Marilyn. 1974. The development of language in Genie: A case of language acquisition beyond the 'critical period'. *Brain and Language* 1: 81–107.

Fry, Roger. 1926. *Art and Commerce*. London: Hogarth Press.

Gansel, Mireille. 2017. *Translation and Transhumance*. London: Les Fugitives. Translated by Ros Schwartz from *Traduire comme transhumer*. 2012. Rennes: Éditions Calligrammes.

García, Adolfo M. 2013. Brain activity during translation: A review of the neuroimaging evidence as a testing ground for clinically-based hypotheses. *Journal of Neurolinguistics* 26: 370–383.

Gaut, Berys. 2010. The philosophy of creativity. *Philosophy Compass* 5 (12): 1034-1046, doi: 10.1111/j.1747-9991.2010.00351.x.

Gaut, Berys. 2014. Educating for creativity. In Paul, Elliot Samuel, and Kaufman, Scott Barry (eds.) *The Philosophy of Creativity: New Essays*. Oxford: Oxford University Press, pp. 265-287.

Gentzler, Edwin. 2001. *Contemporary Translation Theories*. Clevedon: Multilingual Matters.

Gilmore, John. 2007. *Musæ Anglicanæ Anglicè Redditæ: A Selection of Verse Written in Latin by British Poets of the Eighteenth Century*. Translated and with an Introduction by John Gilmore. Coventry: Derek Walcott Press.

Gompertz, Will. 2015. *Think Like an Artist: ... and Lead a More Creative, Productive Life*. London: Penguin Random House UK.

Göpferich, S., Jakobsen, A. L., and Mees, I. (eds.). 2008. *Looking at Eyes: Eye-Tracking Studies of Reading and Translation Processing*. Copenhagen: Samfundslitteratur.

González Davies, Maria, and Oittinen, Riitta (eds.). 2008. *Whose Story? Translating the Verbal and the Visual in Literature for Young Readers*. Newcastle: Cambridge Scholars Publishing.

Goytisolo, Juan. 2000. *Carajicomedia*. Barcelona: Seix Barral.

Grice. H. Paul. 1975. Logic and conversation. In Cole, Peter, and Morgan, Jerry L. (eds.) *Syntax and Semantics*, Volume 3, *Speech Acts*. New York: Academic Press, pp. 41-58.

Harris, Brian. 1973. La traductologie, la traduction naturelle, la traduction automatique et la sémantique. In McNulty, J. et al. (eds.) *Problèmes de sémantique* (Cahiers de Linguistique 3), Montreal: Presses de l' Univ. du Québec.

Harris, Brian. 1977. The importance of natural translation. *Working Papers on Bilingualism* 12: 96-114.

Harris, Brian, and Sherwood, Bianca. 1978. Translation as an innate skill. In Gerver, David, and Sinaiko, H. Wallace (eds.) *Language, Interpretation and Communication*. New York and London: Plenum Press, pp. 155-170. Available from: www.researchgate.net/publication/290819084_Translating_as_an_Innate_Skill [accessed 9 Aug 2018].

Hatim, Basil, and Mason, Ian. 1997. *The Translator as Communicator*. London and New York: Routledge.

Hatim, Basil, and Munday, Jeremy. 2004. *Translation: An Advanced Resource Book*. London: Routledge.

Hauptman, Herbert A. 2008. *On the Beauty of Science: A Nobel Laureate Reflects on the Universe, God And the Nature of Discovery*. London: Prometheus Books.

Heaney, Seamus. 1999. *Beowulf: A New Translation*. London: Faber and Faber.

Holmes, James S. 1968/1988. Poem and metapoem: Poetry from Dutch to English. In *Translated! Papers on Literary Translation and Translation*

Studies. Amsterdam: Rodopi, pp. 9-22. A revised version of a paper presented at the International Conference on General and Applied Linguistics held in Antwerp 22-24 April 1968. First published in *Linguistica Antverpiensia* 3 (1969): 101-115.

Holmes, James S. 1971/1988. The cross-temporal factor in verse translation. In *Translated! Papers on Literary Translation and Translation Studies*. Amsterdam: Rodopi, pp. 35-44. A revised version of a paper presented at Nitra, Slovakia, in 1969. First published in *Slavica Slovaca* 6 (1971): 326-334.

Holmes, James S. 1972/1988. The name and nature of translation studies. In *Translated! Papers on Literary Translation and Translation Studies*. Amsterdam: Rodopi, pp. 67- 80. An expanded version of a paper presented in the Translation Section of the Third International Congress of Applied Linguistics held in Copenhagen, 21-26 August 1972.

Hookway, Christopher. 1988. *Quine: Language, Experience and Reality*. Oxford: Polity Press; Stanford, CA: Stanford University Press.

Howells, Richard. 2015. *A Critical Theory of Creativity: Utopia, Aesthetics, Atheism and Design*. Houndmills: Palgrave Macmillan.

Huldén, Lars. 1977. *Heim / Hem* (poem 'Eeviheitssoman'). Helsinki: Schildts.

Høeg, Peter. 1988. *Forestilling om det tyvende århundrede*. Copenhagen: Munksgaard/Rosinante. Translated by Barbara Haveland as *The History of Danish Dreams* (1995). London: The Harvill Press, 1996.

Høeg, Peter. 1992. *Frøken Smillas fornemmelse for sne*. Copenhagen: Munksgaard/Rosinante. Translated by Tiina Nunally 1993 as *Smilla's Sense of Snow*. New York: Farrar, Strauss & Giroux Inc. and by F. David 1993 as *Miss Smilla's Feeling for Snow*. London: The Harvill Press.

Ingarden, Roman. 1931/1973. *Das literarische Kunstwerk: Eine Untersuchung aus dem Grenzgebiet der Ontologie, Logik und Literaturwissenschaft*. Halle: Max Niemeyer. Published in English as *The Literary Work of Art: An Investigation on the Borderlines of Ontology, Logic, and Theory of Literature. With an Appendix on the Functions of Language in the Theatre*. Translated, with an Introduction, by George G. Grabowicz. Evanston, IL: Northwestern University Press, 1973.

Ingarden, Roman. 1937/1973. *O poznawaniu dziela literackiego*. Lvov: Ossolineum. Published in English as *The Cognition of the Literary Work of Art*. Translated by Ruth Ann Crowley and Kenneth R. Olson from *Vom Erkennen des literarischen Kunstwerks*, copyright 1968 by Max NiemeyerVerlag, Tübingen. Evanston, IL: Northwestern University Press, 1973.

Ingarden, Roman. 1955/1991. On translations. Translated by Jolanta W. Wawrzycka. *Analecta Husserliana* 33: 131–192.

Jakobsen, Arnt Lykke. 1998. Logging time delay in translation. In Hansen, Gyde (ed.) *LSP Texts and the Process of Translation*. Copenhagen: Copenhagen Working Papers in LSP, pp. 73–101.

Jakobsen, Arnt Lykke. 1999. Logging target text production with *Translog*. In Hansen, Gyde (ed.) *Probing the Process in Translation: Methods and Results*. Copenhagen: Samfundslitteratur, pp. 9–20.

Jakobsen, Arnt L. 2003. Effects of think aloud on translation speed, revision and segmentation. In Alves, Fabio (ed.) *Triangulating Translation: Perspectives in Process Oriented Research*. Amsterdam: John Benjamins Publishing Company, pp. 69–95.

Jakobsen, Arnt Lykke. 2017. Translation process research. In Schwieter, JohnW., and Ferreira, Alibne (eds.) *The Handbook of Translation and Cognition*. Hoboken, NJ: John Wiley & Sons, pp. 21–49.

Jakobsen, Arnt Lykke, and Jensen, Kristian T. H. 2008. Eye tracking across four different types of reading task. In Göpferich, Susanne, Jakobsen, Arnt Lykke, and Mees, Inger M. (eds.) *Looking at Eyes: Eye-Tracking Studies of Reading and Translation Processing*. Copenhagen: Samfundslitteratur, pp. 103–124.

Jakobsen, Arnt Lykke, and Mesa-Lao, Bartolomé. 2017. Introduction. In Jakobsen, Arnt Lykke, and Mesa-Lao, Bartolomé (eds.) *Translation in Transition: Between Cognition, Computing and Technology*. Amsterdam: John Benjamins Publishing Company, pp. 1–13.

Jakobsen, Arnt Lykke, and Schou, Lasse. 1999. Translog documentation. In Hansen, Gyde (ed.) *Probing the Process in Translation*. Copenhagen: Samfundslitteratur, pp. 151–186.

Jakobson, Roman. 1956/1987. Two aspects of language and two types of aphasic disturbance. Originally published as Part II of *Fundamentals of Language*, co-authored by Morris Halle. The Hague: Mouton. Reprinted in *Language and Literature*, edited by Krystyna Pomorska and Stephen Rudy. 1987. Cambridge, MA: The Belknap Press of Harvard University Press, pp. 95–114.

Jakobson, Roman. 1959/1987. On linguistic aspects of translation. In Brower, Reuben A (ed.) *On Translation*. Cambridge: Cambridge University Press. Reprinted in *Language and Literature*, edited by Krystyna Pomorska and Stephen Rudy. 1987. Cambridge, MA: The Belknap Press of Harvard University Press, pp. 428–435.

Jakobson, Roman. 1960/1987. Linguistics and poetics. In Sebeok, Thomas A. (ed.) *Style in Language*. Cambridge, MA: MIT Press, pp. 350–377. Reprinted in *Language and Literature*, edited by Krystyna Pomorska and Stephen Rudy. 1987. Cambridge, MA: The Belknap Press of Harvard University Press, pp. 62–94.

Jamison, K. R. 1989. Mood disorders and patterns of creativity in British writers and artists.

Psychiatry: Interpersonal and Biological Processes, 52: 125–134.

Johnson, Rachel. 2014. My week. *Waitrose Weekend*, 8 May 2014: 5.

Johnston, David. (trans.). 1988. *Blood Wedding*. Sevenoaks: Hodder and Stoughton.

Johnston, David. 1996. Theatre pragmatics. In Johnston, David (ed.) *Stages of Translation*. Bath: Absolute Classics, pp. 57–66.

Johnston, David. (trans) 2003. *Blood Wedding*. Script prepared for Bruiser Theatre Company for Irish Tour.

Johnston, David. 2007. The cultural engagement of stage translation: Federico García Lorca in performance. In Andermann, Gunilla (ed.) *Voices in Translation: Bridging Cultural Divides*. Clevedon: Multilingual Matters Ltd, pp. 78–93.

Joyce, James. 1922/1986. *Ulysses*. Hans Wakter Gabler (ed.), London: Bodley Head. Translated into Danish by Mogens Boysen as *Ulysses* in 1949 and 1970. Copenhagen: Martins Forlag.

Joyce, James. 1939. *Finnegans Wake*. London: Faber and Faber.

Kamaszain, Tamara. 2005. *Solos y solas*. Barcelona: Lumen. Translated by Cecilia Rossi 2010 as *Men and Women Alone*. Hove: Waterloo Press.

Kamaszain, Tamara. 2010. *El eco de mi madre*. Santa Fe: Bajo La Luna. Translated by Cecilia Rossi. 2012. Hove: Waterloo Press.

Kandel, Eric R. 2018. *The Disordered Mind: What Unusual Brains Tell Us about Ourselves*. New York: Farrar, Straus and Giroux.

Kant, Immanuel. [1781] 1933. *Immanuel Kant's Critique of Pure Reason* Second impression with corrections. 1st edition 1929. London and Basingstoke: Macmillan. Translated by Norman Kemp Smith from the second edition, 1787, of *Kritik der reinen Vernunft*. Riga: Johann Friedrich Hartknoch.

Kant, Immanuel. [1790] 1951. *Critique of Judgment*. New York: Hafner Publishing, Translated by J. H. Bernard, from 1790 *Kritik der Urteil-*

skraft. Berlin and Libau: ben Lagarde and Friederich.

Katz-Buonincontro, Jen. 2015. Implications of Kant's theories of art for developing creative identity in students. *The Journal of Aesthetic Education* 49(4): 1–18.

Kearns, John (ed.). 2008. *Translator and Interpreter Training: Issues, Methods and Debates*. London: Bloomsbury.

Kemble, Ian, and O'Sullivan, Carol (eds.). 2006. *Translation and Creativity: How Creative Is the Translator?* Portsmouth, NH: School of Languages and Area Studies, University of Portsmouth.

Kieran, Matthew. 2014. Creativity as a virtue of character. In Paul, Elliot Samuel, and Kaufman, Scott Barry (eds.) *The Philosophy of Creativity: New Essays*. Oxford: Oxford University Press, pp. 125–144.

Kierkegaard, Søren Aabye. 1844. *Begrebet Angest: En simpel psychologisk-paapegende Overveielse i Retning af det dogmatiske Problem om Arvesynden af Vigilius Haufniensis*. Copenhagen: C. A. Reitzel.

Kipling, Rudyard. 1937. *Something of Myself: For My Friends Known and Unknown*. London: Macmillan and Co., Limited.

Klitgård, Ida. 2007. *Fictions of Hybridity: Translating Style in James Joyce's* Ulysses. Odense: University Press of Southern Denmark.

Koller, Werner. 1979. *Einführung in die Übersetzungswissenschaft*. Heidelberg: Quelle & Meyer.

Krings, HansP. 1986a. *WasindenKöpfenvonÜbersetzernvorgeht. Eineempirisch-eUntersuchungzur Struktur des Übersetzungsprozesses an fortgeschrittenen*

Französischlernern. Tübingen: Gunter Narr Verlag.

Krings, Hans P. 1986b. Translation problems and translation strategies of advanced German learners of French. In House, Juliane., and Blum-Kulka, Shoshana. (eds.) *Interlingual and Intercultural Communication* (pp. 263-75). Tubingen: Gunter Narr Verlag.

Krings, Hans P. 2001. *Repairing Texts. Empirical Investigations of Machine Translation Post-Editing Processes*. (Translation Studies 5). Kent, OH: Kent State University Press.

Kripke, Saul A. 1972/1980. *Naming and Necessity*. Cambridge, MA: Harvard University Press.

Kristensen, Tom. 1930. *Hærværk*. Copenhagen: Nordisk Forlag A. S. Translated as *Havoc* by Carl Malmberg 1968. Madison: University of Wisconsin Press.

Kristeva Julia. 1966. Word, dialogue and novel. Published in *Séméiotiké* (1969). In Moi, Toril (ed.). 1986. *The Kristeva Reader*. Oxford: Basil Blackwell, pp. 34-61.

Kurz, Ingrid. 1994. A look into the 'black box'—EEG probability mapping during mental simultaneous interpreting. In Hornby, Mary Snell, Pöchhacker, Franz, and Kaindl, Klaus (eds.) *Translation Studies: An Interdiscipline*. Amsterdam and Philadelphia: John Benjamins Publishing Company, pp. 199-207.

Kurz, Ingrid. 1995. Watching the brain at work: An exploratory study of EEG changes during simultaneous interpreting (SI). *The Interpreters'*

Newsletter 6: 3–16.

Kussmaul, Paul. 1995. *Training the Translator*. Amsterdam and Philadelphia: John Benjamins Publishing Company.

Kyaga, Simon, Landén, Mikael, Boman, Marcus, Hultman, Christina M., Långström, Niklas, and Lichtenstein, Paul. 2013. Mental illness, suicide and creativity: 40 – year prospective total population study. *Journal of Psychiatric Research* 47: 83–90.

Leadbeater, Charles. 2008. *We–Think: Mass Innovation, not Mass Production*. London: Profile Books.

Leech, Geoffrey N. 1983. *Principles of Pragmatics*. London: Longman. Lefevere, André. 1975. *Translating Poetry: Seven Strategies and a Blueprint*. Amsterdam: Van Gorcum.

Lenneberg, Eric H. 1969. On explaining language. *Science* 164(3880): 635–643. Leopold, Werner F. 1949. *Speech Development of a Bilingual Child. A Linguist' s Record*. Evanston, IL: Northwestern University Press.

Lewis, David. 1983. General semantics. In *Philosophical Papers. Volume* 1. New York: Oxford University Press, pp. 189–232.

Lladó, Ramon. 2002. *La paraula revessa. Estudi sibre la traducció dels jocs de mots*. Bellaterra: Servei de P | ublicacions de la Universitat Autònoma de Barcelona.

Locke, John. 1689. *An Essay Concerning Human Understanding*. London: Thomas Basset.

Loffredo, Eugenia, and Pertheghella, Manuela 2006 (eds). Introduction. In Perteghella, Manuela, and Loffredo, Eugenia (eds.) *Translation and Creativity: Perspectives on Creative Writing and Translation Studies*. London: Continuum: 1–16.

Longinus. 1st century ce/1965. On the sublime. In *Classical Literary Criticism: Aristotle*: On the Art of Poetry, *Horace*: On the Art of Poetry, *Longinus*: On the Sublime. Harmondsworth: Penguin Books, pp. 99–158.

Lorca, Federico García. 1932. *Bodas de sangre* (*Blood Wedding*). First performed in Madrid in 1933.

Lorca, Federico García. 1945. *La casa de Bernarda Alba* (*The House of Bernarda Alba*). First performed in Buenos Aires in 1945.

Lörscher, Wolfgang. 1986. Linguistic aspects of translation processes: Towards an analysis of *Interlingual and Intercultural Communication: Discourse and Cognition in Translation and Second Language Acquisition*. Tübingen: Gunter NarrVerlag, pp. 277–292.

Lörscher, Wolfgang. 1987. *Übersetzungsperformanz, Übersetzungsprozeß und Übersetzungsstrategien. Eine psycholinguistische Untersuchung*. Mimeo, Universität Essen 1987.

Lörscher, Wolfgang. 1991. *Translation Performance, Translation Process, and Translation Strategies. A Psycholinguistic Investigation*. Tübingen: Gunter Narr Verlag.

Low, Peter. Forthcoming. Translating the texts of songs and other vocal music. In Malmkjær, Kirsten (ed.) *The Cambridge Handbook of Translation*. Cambridge: Cambridge University Press.

Lubart, Todd I. 1999. Creativity across cultures. In Sternberg, Robert J. (ed.) *Handbook of Creativity*. Cambridge: Cambridge University Press, pp. 339–350.

Ludwig, A. M. 1992. Creative achievement and psychopathology-comparison among professions. *American Journal of Psychotherapy* 46: 330–356.

Ludwig, A. M. 1995. *The Price of Greatness: Resolving the Creativity and Madness Controversy*. New York: Guilford Press.

Lyons, John. 1977. *Semantics*, Volume 2. Cambridge: Cambridge University Press.

Macizo, Pedro, and Bajo, Ma Teresa. 2004. When translation makes the difference: Sentence processing in reading and translation. *Psicológica* 25: 181–205.

Malmkjær, Kirsten. 1993. Underpinning translation theory. *Target* 5(2): 133–148.

Malmkjær, Kirsten. 1995. Translating the real story. In Payne, Jonathan A. (ed.) *Linguistic Approaches to Literature*. Birmingham: English Language Research, University of Birmingham, pp. 170–184.

Malmkjær, Kirsten. 2003. Et lingvistisk perspektiv på litteraær oversettelse (A linguistic perspective on literary translation; translated into Norwegian by Bergljot Behrens). In Behrens, Bergljot, and Kristensen, Bente (eds.) *Oversettelse i teori og proksis* (*Translation in Theory and*

Practice). Oslo: Novus Forlag, pp. 57–88.

Malmkjær, Kirsten. 2004. Censorship or error: Mary Howitt and a problem in descriptive TS. In Malmkjær, Kirsten, Hansen, Gyde, and Gile, Daniel (eds.) *Translation Studies: Claims, Changes and Challenges. Selected Papers from the EST Congress, Copenhagen* 2001. Amsterdam and Philadelphia: John Benjamins Publishing, pp. 141–155.

Malmkjær, Kirsten. 2005. *Linguistics and the Language of Translation*. Edinburgh: Edinburgh University Press.

Malmkjær, Kirsten. 2009. Wreaking Havoc: On forgetting the poetry in the prose. In Epstein, B. J. (ed.) *Northern Lights: Translation in the Nordic Countries*. Bern: Peter Lang, pp. 137–150.

Malmkjær, Kirsten. 2010. The translator's choice. In Hunston, Susan and Oakley, David (eds.) *Introducing Applied Linguistics: Key Concepts and Skills*. London: Routledge, pp. 121–131.

Malmkjær, Kirsten. n. d. A case of two Smillas. Written for the British Council's Translated Literature Website and located there for some time in the early 2000s.

Martinus, Eivor. 1996. Translating Scandinavian drama. In Johnston, David (ed.) *Stages of Translation*. Bath: Absolute Classics, pp. 109–121.

McKay, Corinne. 2006. *How to Succeed as a Freelance Translator*. Denver, CO: Two Rat Press and Translatewrite.

McLeish, Kenneth. 1996. Translating comedy. In Johnston, David (ed.)

Stages of Translation. Bath: Absolute Classics, pp. 153–159.

Mauranan, Anna and Kujamäki, Pekka (eds.). 2004. *Translation Universals: Do they Exist?* Amsterdam: John Benjamins.

Morro, Anna Lydia, and Clark, John R. 1992. The paradox of genius and madness: Seneca and his influence. *Cuadernos de Filología Clásica. Estudios Latinos* 2: pp. 189–199.

Mossop, Brian. 2001. *Editing and Revising for Translators*. London: Routledge. 3rd edition 2014.

Müller-Westermann, Iris. 2013. Paintings for the future: Hilma af Klint–a pioneer of abstraction in seclusion. In Müller-Westermann, Iris with Widoff, Jo, *Hilma af Klint-A Pioneer of Abstraction*. Ostfildern and Berlin: Hatje Cantz, pp. 33–50.

Mulrine, Stephen. 1996. 'A man with connections': Adapting Gelman's *Naedine SoVsemi*. In Johnston, David (ed.) *Stages of Translation*. Bath: Absolute Classics 123–130.

Munday, Jeremy. 2016/2001. *Introducing Translation Studies: Theories and Applications*. Fourth edition. London: Routledge.

Nanay, Bence. 2014. An experimental account of creativity. In Paul, Elliot Samuel, and Kaufman, Scott Barry (eds.) *The Philosophy of Creativity: New Essays*. Oxford: Oxford University Press, pp. 17–35.

National Advisory Committee on Creative and Cultural Education. 1999. *All Our Futures: Creativity, Culture and Education. Report to the Secretary of State for Education and Employment, the Secretary of State for*

Culture, Media and Sport. Available at http://sirkenrobinson.com/pdf/allourfutures.pdf [accessed 16 April 2018].

Neubert, Albrecht. 1997. Postulates for a theory of translation. In Danks, Joseph H., Shreve, Gregory Munroe, Fountain, Stephen. B., and Mcbeath, M. K. M. (eds.) *Cognitive Processes in Translation and Interpreting*. London and New Delhi: Sage, pp. 1–24

Neubert, Albrecht. 2000. Competence in language, in languages, and in translation. In Schäffner, Christina, and Adab, Beverly (eds.) *Developing Translation Competence*. Amsterdam and Philadelphia: John Benjamins Publishing Company, pp. 3–18.

Newmark, Peter. 1988a. *A Textbook of Translation*. London: Prentice-Hall International.

Newmark, Peter. 1988b. *Approaches to Translation*. London: Prentice-Hall International.

Ng, Bee C., and Obana, Yasuko. 1991. The use of introspection in the study of problems relating to interpretation from Japanese to English. *Meta* 36(2–3): 367–381.

Nida, Eugene. 1964. *Toward a Science of Translating: With Special Reference to Principles and Procedures Involved in Bible Translating*. Leiden: Brill.

Nord, Christiane. 1988/1991. *Textanalyse und Übersetzen: theoretische Grundlagen, Methode und didaktische Anwendung einerübersetzungsrelevanten Textanalyse*. Heidelberg: Groos. Translated into English by Christiane

Nord and Penelope Sparrow as *Text Analysis in Translation: Theory, Methodology and Didactic Application of a Model for Translation-Oriented Text Analysis*. 1991. Amsterdam: Rodopi.

Nordahl, Helge. 1991. Om å oversette et epos (About translating an epic). In Qvale, Per, Christensen, Bente, Hølmebakk, Gordon, and Schult Ulriksen, Solveig (eds.) *Det Umuliges Kunst: Om å Oversette* [The art of the impossible: About translating]. Oslo: Aschehough, pp. 46-57.

Nosbaum, Jeff. 2006. Versions from the Aeneid and the Iliad. *Modern Poetry in Translation*, Series 3, Number 5, pp. 122-125.

Ó' Cuilleanáin, Cormac. 1998. Not in front of the servants: Forms of Bowdlerism and cen-sorship in translation. In Boase-Beier, Jean, and Holman, Michael (eds.) *The Practices of Literary Translation: Constraints and Creativity*. Manchester: St. Jerome, pp. 31-43.

Orlando, Marc. 2016. *Training 21st Century Translators and Interpreters: At the Crossroads of Practice, Research and Pedagogy*. Berlin: Frank & Timme GmbH.

Paradis, Michel. 2004. *A Neurolinguistic Theory of Bilingualism*. Amsterdam: John Benjamins Publishing Company.

Perteghella, Manuela, and Loffredo, Eugenia (eds.). 2006. *Translation and Creativity: Perspectives on Creative Writing and Translation Studies*. London: Continuum.

Peruzzo, Katia. 2017. European English and the challenges faced by the interdisciplinary team involved in the translation of the Italian Code of Criminal Procedure. *Translation and Translanguaging in Multilingual Contexts* 3(1): 5-19.

Plato. 370 bce. *The Republic* edited by H. D. P. Lee; 2nd edition 1974 (1st edition 1955). Harmondsworth: Penguin.

Plato. 360 bce. *Cratylus*. http://classics. mit. edu/Plato/cratylus. html [accessed 14 December 2018].

Poincaré, Henri 1902*La Science et l'Hypothese*. Paris: Ernest Flammarion. Published in English in 1905 as *Science and Hypothesis*. Gateshead: Walter Scott Publishing Company. Translated by George Bruce Halsted.

Post, F. 1994. Creativity and psychopathology: A study of 291 world-famous men. *British Journal of Psychiatry* 165: 22-34.

Propp, Vladímir. 1958 (2nd edition 1968). *Morphology of the Folktale*. First edition translated by Laurence Scott with an introduction by Svatava Pirkova-Jakobsen. Second edition revised and edited with a preface by Louis A. Wagner. New Introduction by Alan Dundes. Austin: University of Texas Press.

Proust, Marcel. 1971-1922. *À la recherche du temps perdu* (*In Search of Lost Time*). Paris: Gallimard.

Putnam, Hilary. 1970/1975. Is semantics possible? Reprinted in*Mind, Language and Reality: Philosophical Papers*, Volume 2. Cambridge: Cambridge University Press, 1975, pp. 139-152, from *Languages*,

Beliefs and Metaphysics edited by H. Kiefer and M. Munitz. New York: State University of New York Press, 1970.

Pym, Anthony. 1998. *Method in Translation History*. Manchester: St Jerome.

Pym, Anthony. 2003. Redefining translation competence in an electronic age. In defence of a minimalist approach. *Meta* 48(4): 481–497.

Quine, WillardVan Orman. 1959. Meaning and translation. In Brower, Reuben A. (ed.) *On Translation*. New York: Oxford University Press, pp. 148–172.

Quine, WillardVan Orman. 1960. *Word and Object*. Cambridge, MA: MIT Press.

Qvale, Per. 2003. Kultur og kontekst (Culture and context). In Behrens, Bergljot, and Christensen, Bente (eds.) *Oversettlese i teori og praksis*. Oslo: Novus Forlag, pp. 13–23.

Rehn, Alf. 2011. *Dangerous Ideas: When Provocative Thinking Becomes Your Most Valuable Asset*. Singapore: Marshall Cavendish Business. Originally published in Swedish as *Farliga Idéer* 2010 Stockholm: BookHouse Editions.

Reiss, Katharina. 1971. *Möglichkeiten und Grenzen der Übersetzungskritik. Kategories und Kriterien für eine sachgerechte Beurteilung von Übersetzunger*. Munich: Max Huber.

Reiss, Katharina, and Vermeer, Hans. 1984. *Grundlegen einer allgemeinen Translationstheorie*. Tübingen: Neimeyer.

Rheinhardt, Tobias. 2007. Introduction. In *Seneca. Dialogues and Essays*. Translated by John Davie with an Introduction and Notes by Tobias Rheinhardt. Oxford: Oxford University Press, pp. 1–24.

Richards, David B. 1979. *Goethe's Search for the Muse: Translation and Creativity*. Amsterdam: John Benjamins Publishing Company.

Rifbjerg, Klaus. 1981. Tom Kristensen. In Brostrøm, Torben, andVinge, Mette (eds.) *Danske digtere i det* 20. *århundrede*, 3rd edition, volume 2. Copenhagen: Gad, pp. 11–29.

Rinne, Juha O., Tommola, Jorma, Laine, Matti J., Krause, Bernd J., Schmidt, Daniela, Kaasinen, Valtteri, Teräs, Mika I. P., Sipilä, Hannu T., and Sunnari, Marianna 2000. The translating brain: cerebral activation patterns during simultaneous interpreting. *Neuroscience Letters* 294 (2): 85–88.

Robinson, Douglas. 1997. *Western Translation Theory: From Herodotus to Nietzsche*. Manchester: St. Jerome Publishing.

Robinson, Douglas. 2012. *Becoming a Translator: An Introduction to the Theory and Practice of Translation.* London: Routledge.

Robinson, Ken. 2001 (revised and updated 2011). *Out of Our Minds: Learning to Be Creative*. Chichester: Capstone Publishing.

Ronjat, Jules. 1913. *Le développement du langage observe chez un enfant bilingue* París: H. Champion.

Rosero, Evelio. 2011. *Good Offices*. Translated by Anne McLean with Anna Milsom from *Los Almuerzos* (2009). London: Maclehose Press.

Rosero, Evelio. 2015. *Feast of the Innocents*. Translated by Anne McLean with Anna Milsom from *La Carroza de Bolívar* (2012). London: Maclehose Press.

Rossi, Cecilia. 2016. Tango, Truco and echoing voices in the process of translating Tamara Kamenszain. *Bulletin of Hispanic Studies* 93(6): 701-715.

Ryle, Gilbert. 1949/1963. *The Concept of Mind*. Harmondsworth: Penguin Books, 1963. First published by Hutchinson 1949.

Sawyer, R. Keith. 2006. *Explaining Creativity: The Science of Human Innovation*. New York: Oxford University Press. 2nd edition 2012.

Schaeffer, Moritz. 2018. Language processing in translation. In Malmkjær, Kirsten (ed.) *The Routledge Handbook of Translation Studies and Linguistics*. London: Routledge, pp. 281-294.

Schaeffer, Moritz, and Carl, Michael. 2017. Language processing and translation. In Hansen-Schirra, Sylvia, Czulo, Oliver, and Hofmann, Sacha (eds.) *Empirical Modelling of Translation and Interpreting*. Berlin: Language Science Press, pp. 117-154.

Schaeffer, Moritz, Patterson, Kevin, McGowan, Victoria A., White, Sarah J., and Malmkjær, Kirsten. 2017. Reading for translation. In Jakobsen, Arnt L., and Mesa-Lao, Bartolome (eds.) *Translation in Transition*. Amsterdam: John Benjamins Publishing Company, pp. 18-54.

Schjoldager, Anne with Henrik Gottlieb and Ida Klitgård. 2008. *Understanding Translation*. Aarhus: Academica.

Schwartz, Ros, and de Lange, Nicholas. 2006. A dialogue: On a translator's interventions. In Bassnett, Susan, and Bush, Peter (eds.) *The Translator as Writer*. London: Continuum, pp. 9-19.

Scott, Clive. 2000. *Translating Baudelaire*. Exeter: University of Exeter Press.

Scruton, Roger. 1974/1988. *The Aesthetic Attitude: A Study in the Philosophy of Mind*. London: Methuen (1974) and South Bend, IN: St. Augustine's Press (1988).

Searle, John. 1969. *Speech Acts: An Essay in the Philosophy of Language*. Cambridge: Cambridge University Press.

Searle, John. 1984. *Minds, Brains and Science*. Cambridge, MA: Harvard University Press.

Selver, Paul. 1966. *The Art of Translating Poetry*. London: John Baker.

Semino, Elena and Culpeper, Jonathan (eds.) 2002. *Cognitive Stylistics: Language and Cognition in Text Analysis*. Amsterdam: John Benjamins Publishing Company.

Seneca. Between 41 and 63 ce. On the tranquillity of the mind. In *Dialogues and Essays*. Translated by John Davie with an Introduction and Notes by Tobias Rheinhardt. Oxford: Oxford University Press.

Shackelford, Frankie. 2009. Establishing the voice of conjecture in translating biographical fiction. In Epstein, B. J. (ed.) *Northern Lights: Translation in the Nordic Countries*. Oxford: Peter Lang, pp. 151-164.

Shih, Claire Y. -Y. 2006. Revision from translators' point of view. *Target* 18(2): 295-312.

Shih, Claire Y. -Y. 2013. Translators' end-revision processing patterns and maxims: A think-aloud protocol study. *Arab World English Journal (AWEJ)* 4(3): 31-44.

Shih, Claire Y. -Y. 2015. Problem-solving and decision-making in translation revision: Two case studies. *Across Languages and Cultures* 16(1): 69-92.

Shorthouse, Jim, and Maycroft, Neis. 2017. *Where Is Creativity? A Multidisciplinary Approach*. London: Routledge.

Shreve, Gregory M. 2002. Knowing translation: Cognitive and experiential aspects of translation expertise from the perspective of expertise studies. In Riccardi, Allessandra (ed.) *Translation Studies: Perspectives on an Emerging Discipline*. Cambridge: Cambridge University Press, pp. 150-171.

Shreve, Gregory, Schäffner, Christina, Danks, Joseph H. and Griffin, Jennifer. 1993. Is there a special kind of 'reading' for translation? *Target* 5(1): 21-41.

Sinclair, John McHardy. 1966. Taking a poem to pieces. In Fowler, Roger (ed.) *Essays on Style and Language: Linguistic and Critical Approaches to Literary Style*. London: Routledge and Kegan Paul, pp. 68-81.

Sperber, Dan, and Wilson, Deirdre. 1986. *Relevance: Communication and Cognition*, Oxford: Basil Blackwell.

Summa, Michela. 2017. Toward a transcendental account of creativity. Kant and Merleau-Ponty on the creative power of judgement and creativity as an institution. *Continental Philosophy Review* 50(1): 105–126.

Teevan, Colin. 1996. A barbarian activity: The process of translation of Euripides' *The Iphigenia in Aulis*. In Johnston, David (ed.) *Stages of Translation*. Bath: Absolute Classics, pp. 95–107.

Ter Borg, Marlies. 2014. *Aristotle on Melancholy*. Delaware: Create Space Independent Publishing Platform. Also 2013 www.marliesterborg.net/media/13292/aristotle%20on%20melancholy%20%20%20marliesterborg.net%2021%2010%202015.pdf [accessed 15 April 2018].

Thompson, Stith. 1946. *The Folktale*. New York: Holt, Rinehart and Winston.

Tourniaire, Claudine. 1998. Bilingual translation as a re-creation of the censored text: Rhea Galanaki in English and French. In Boase-Beier, Jean, and Holman, Michael (eds.) *The Practices of Literary Translation: Constraints and Creativity*. Manchester: St. Jerome, pp. 71–80.

Toury, Gideon. 1984. The notion of 'native translator' and translation teaching. In Wilss, Wolfram, and Thome, Gisela (eds.) *Die Theorie des Übersetzens und ihr Aufschlußwert für die Übersetzungs- und Dolmetschdidaktik*. Tübingen: Gunter NarrVerlag, pp. 186–195.

Toury, Gideon. 1995. *Descriptive Translation Studies and Beyond*. Amsterdam and Philadelphia: John Benjamins Publishing Company.

Traugot, Elizabeth C., and Pratt, Mary L. 1980. *Linguistics for Students of Literature*. San Diego: Harcourt Brace Jovanovich.

Turner, Mark. 2014. *The Origin of Ideas: Blending, Creativity and the Human Spark*. Oxford: Oxford University Press.

Valdés, Guadalupe. 2003. *Expanding Definitions of Giftedness: The Case of Young Interpreters From Immigrant Communities*. Mahwah, NJ: Lawrence Erlbaum.

Van Es, Bart. 2018. *The Cut Out Girl: A Story of War and Family, Lost and Found*. London: Fig Tree (Penguin Random House).

Venuti, Lawrence. 1995. *The Translator's Invisibility: A History of Translation*. London: Routledge.

Venuti, Lawrence (ed.). 2017. *Teaching Translation: Programs, Courses, Pedagogies*. London: Routledge.

Vermeer, Hans. 1978. Ein Rahmen für eine allgemeine Translationstheorie. *Lebende Sprachen* 23(3): 99–102.

Vienne, Jean. 1994. Towards a pedagogy of 'translation in situation'. *Perspectives: Studies in Translatology* 1: 51–59.

Wagner, Emma, Bech, Svend, and Martínez, Jesús M. 2002. *Translating for the European Union Institutions*. Manchester: St. Jerome.

Waldman, Guido. Letter to Kirsten Malmkjær dated 20 September 1996.

Wilson, Neil. 1959. Substances without substrata. *The Review of Metaphysics* 12(4): 521–539.

Wilss, Wolfram. 1988. *Kognition und Übersetzen*. Tübingen: Niemeyer.

Wilss, Wolfram. 1992. *Übersetzungsfertigkeit, Annäherungen an einen komplexenübersetzungspraktischen Begriff*. Tübingen: Gunter Narr Verlag.

Wilss, Wolfram. 1996. *Übersetzungsunterricht. Eine Einführung*. Tübingen: Gunter Narr Verlag.

Winters, Marion. 2007. F. Scott Fitzgerald's *Die Schönen und Verdammten*: A Corpus-based Study of Speech-act Report Verbs as a Feature of Translators' Style. *Meta* 52(3), pp. 412–425.

WLFThinkTank. 2014. 101*Things a Translator Needs to Know*. London: WLF 101 Publishing.

Wolff, Leon. 2011. Legal translation. In Malmkjær, Kirsten, and Windle, Kevin (eds.) *The Oxford Handbook of Translation Studies*. Oxford: Oxford University Press, pp. 228–242.

Young, Edward. 1759. *Conjectures on Original Composition*. London: A. Millar, in the strand; and R. and G. Dodsley, in Pall-Mall. Available in a Leopold Classic Library reproduc tion of the 1917 version printed by F. C. Stechert Co., Inc., New York. Electronic version available at http://tinyurl.com/leopold-edwardyoungsconj00youn [accessed 19 April 2018].

Yuasa, Nobuyuki. 1987. Translating 'The sound of water': Different versions of a *Hokku* by Basho. In Radice, William, and Reynolds, Barbara (eds.) *The Translator's Art: Essays in Honour of Betty Radice*. Harmondsworth: Penguin, pp. 231–240.

安徒生作品原文本

H. C. Andersens Eventyr: *Kritisk udgivet efter de originale Eventyrhæfter med Varianter ved Erik Dalog Kommentar ved Erling Nielsen.* 1963–1966. Copenhagen: Hans Reitzels Forlag.

译例出处（按出版时间排序）

Hans Christian Andersen' s Stories for the Household. H. W. Dulcken, London: Routledge, 1866. Reissued as *The Complete Illustrated Works of Hans Christian Andersen.* London, Chancellor Press, 1983; 1994.

Hans Christian Andersen: *Fairy Tales.* Anon. London: Hamlyn. 1959.

Hans Andersen' s Fairy Tales: *A Selection.* Translated from the Danish by L. W. Kingsland. London: Oxford University Press. 1959.

Hans ChristianAndersen: *Fairy Tales.* Translated by Reginald Spink. London: David Campbell Publishers Ltd. 1960.

Hans Christian Andersen: *Fairy Tales.* Translated by Marie-Louise Peulevé. Odense: Skandinavisk Bogforlag. n. d. (but pre–1966).

Hans Christian Andersen: *Eighty Fairy Tales.* Translated by R. P. Keigwin. Odense: Skandinavisk Bogforlag. 1976. With an introduction by Elias Bredsdorff. New York: Pantheon Books. 1982.

The Complete Fairy Tales and Stories. Translated from the Danish by Erik Christian Haugaard. Foreword by Naomi Lewis. London: Gollanz, 1974. Also published, with a foreword by Virginia Haviland, New York, Doubleday & Co. New Edition, Gollancz Children' s Paperbacks, 1994.

Tales from Hans Andersen. Translated by Stephen Corrin, 1978. London: Guild Publishing. 1989.

Hans Andersen' s Fairy Tales. Translated by Naomi Lewis. London: Puffin Books. 1981.

The Stories of Hans Christian Andersen. Selected and Translated by Diana Crone Frank and Translated by Tiina Nunnally. London: Penguin Books. 2004.

Hans Christian Andersen: Fairy Tales. Translated by Tiina Nunnally. London: Penguin Books. 2004.

索 引

Note: Page references in *italics* refer to figures.

À la recherche du temps perdu (*In Search of Lost Time*) 80,117
ability(ies) 4,15,16,20,21, 25,27,34, 35,38,47,48,49,54,55,56,58,64,96; ordinary 15,16
accent(s) 72,76
acceptability 43, 64
a-creative translation 93
activation 64,118
activity 1,3,4,7,11 14,16,17,18,23,26, 27,31,32,33,36,37,37,50,58,61,62, 105, 106; artistic 37; brain/mind 62; creative 14,27,31, 50,105; human 17; language 61; mental 11, 16; social 18; translating (as) 58,105; typing 32
adaptation(s) (radio) of foreign-language drama 76
adequacy 64
Aeneid 73
aesthetic appreciation 67; approach 72,78; attention 69, 70, 71, 75,78, 79,97; attitude 14-15, 29, 30,37, 45, 67-68, 69, 70; 73,77,80,81,82,92—93,97, 100, 103, 104, 106; consideration 92; reading 94, 98,99; response 103; theory 50
aesthetics 6, 48, 49; neo-Kantian 48, 49
Aixàas, Marissa 74,79
Alitjinya ngura tjukuryaranga/Alitje in the dreamtime (*Alice in Wonderland*) 104
Amadou, Anne-Lisa 80
an-aesthetic translation 93, 94,97,104
analysis 70, 73,79; descriptive 37; register 79; source text 33; of the translational situation 33
analytical philosophy of language 49 analytic definitions 50
Ancher, Michael 8,9
Andersen, Hans Christian 40, 57, 80, 82, 83,84, 86, 88, 90, 91, 92, 93, 97, 98, 99,100
Andreasen, Nancy C. 11, 12, 13, 16, 17, 22,25
Anglo-Saxon 76
'Angst' 94
'Anna Livia Plurabelle' 74

Aristode 10,14,16
Arnold, Matthew 43, 57
Arrowsmith, William 27
art(s) 3,4,6,7,8,9,10,11,15,22,24,27, 28, 31,37,43,45, 46, 69; beautifol 7, 27; creative 11; fine4, 7, 22, 27, 31, 43, 46,69; fbrm(s) 3,22,25; objects of 4; students 25; useful 27; visual 10, 24,37; work(s) of 8,9, 37,45
Art oflranslating Poetry 37
artefact(s) 14, 20, 21, 27, 28,31, 48, 49
artist(s) 4,6,7,9,11,12,13 14,17,18, 19, 20, 21, 22, 24, 26, 27, 28, 31, 37; creative 11,13,14; visual 24
artistic creativity 3; creatures 28; effort 27; endeavour (s) 37, 38; function 45; genius 7; material 44; occupation (s) 13; outputs 28; product 14; sensitivity 37; talent 11; translations 48
artistry 28,37,41
artwork 11,33,69
Ats (Latin) 27
attention: aesthetic 69, 70, 71,75, 78,97; an-aesthetic 94
attitude: aesthetic 14—15, 29,30, 37,45, 67-68, 69, 70, 73, 77, 80, 81, 82, 92-93,97,100,103,104,106
audience 18, 44, 54, 57, 58,73, 75, 80, 93,95,97
audio-visual translation 36
author(s) 11,12,36,40,42, 43,65,73,74
autotxanslation 34

Bachmann, Ingeborg 79
Bajo, Maria Teresa 60
Balling, Laura Winther 36
Balmer, Josephine 71, 72, 74, 92
Barrantes-Vidal, N. 10,13
Baudelaire, Charles 72
Beckett, Samuel 65, 66
behaviour 46,47,53, 55, 61, 62; gaze 62; linguistic 55; ostensive 53; translator 59, 63; typing 62; verbal 51; visible 59
belief(s) 53, 58
Beowulf 76,112
Bernardini, Silvia 59, 63
Bible 35,109
bilingual(s) 4,34,35,46,48,61,62,63, 66; brain 63; child (ren) 33; natural 34; response 34
bilingualism 34
biography 77
Boase-Beier, Jean 38,79, 92
Bodas de sangre (*Blood Wedding*) 81
Boden, Margaret 14,15,16, 20, 21, 22
Bohemian Lights 75
Boisen, Mogens Peter Mynster 39
Borges, Jorge Luis 66
Bowman, Martin 80
brain 20, 36,47, 61, 62, 63,93; bilingual 63; imaging studies 61; lesions 47; organisation 11; science of 61; translators 61; unilingual 63
Brandt, Anthony 18,19, 20
breaking rules 24
Breton, Claude 75
Briggs, Kate 32,39, 66,69,82
British eighteenth-century poets 72
British National Corpus 32, 91,102
Broca's area 61
brugskunst (Danish) 27
Bush, Peter 66, 74,75

Cameron, Lynne 28

Campbell, Gordon 35
Campbell, Stuart 39
capacity/ies 14,22,31
Carajicomedia 74
Carl, Michael 62,118
Carroll, Lewis 104
Catalan 74
Catullus, Gaius Valerius 41
Charity: Principle of 53
Clark, John R. 116
Clark, Noel 81
classical poetry 71
Clifibrd, Jo/John 73,74
code-switching 62, 64
cognitive development 47; eHbrt(s) 32; experience 45; functions 46; module (s) 15; process(es) 61; psychology 14,61; stylistics 79; systems 15
cognitively oriented translation studies 63
collaborative translation 36
Collingwood, Robin George 27
Cologne Fragment 35
commedia delVarte 77
commission 33
competence 38,54, 55, 64; language 64; transfer 64; translation 38, 64
conceptual information 45; framework 51; structures 16; thinking 16
Conrad, Josef 65
constraints 38
context 38,44,51,61,64,67,96,98,101
conventions 54, 55, 56,76, 77, 83, 84; of English 84; linguistic 83; performing 77; of poetry 19; speech 76
convergence of passing theories 67
Cook, Guy 17
copying 4,23,24,25,28,31,38,48,49,68, 69,70,94,105
Coverdale, Myles 35
craft 27, 37
Craft and Context ofTranslation 37
Crawford, Donald W 8, 9
creating 1
creative 1,2, 4, 5,6, 9,11,13,14,15,16, 17,18,20,21,22, 23,24,25,26,27,28, 31,35,37,41, 49, 50, 67,68, 69,70, 71,74, 78,93, 94,99,100,103, 105, 106; accomplishment(s) 28; act(s) 21, 23, 38; activity/ies 1, 2,13,14,27,31, 49,50,105; approach(es) 93; artist(s) 11,13,14; arts 11; capacities 16; career (s) 13; elegance 100; elite 21; endeavour(s) 4, 9, 26, 27, 28, 31, 49, 68, 124Index 69, 105; energy 27; genius (es) 11,16, 21, 25; historically 22; imagination 6; individual(s) 16; inspiration 18; leaders 2; leadership 2; mind (s) 24; output(s) 31; person 18; people 1,13,17, 22,35; practice 1; process (es) 9,11,15, 25; psychologically 22; pursuits 13, 41; response 78; spark 37; thinking 20; translating 5,49,67,68,71, 93,103,106; translation(s) 67, 70,74, 93,94, 99,106; work(s) 4,49; writers 11; writing 69
creativity 1,2,3, 4, 5, 6,9,10,11,13,14, 15,16,18,19,20,21,22,23, 24,25,26, 27,28, 29,31, 32, 33, 35,37,38,40, 41,46,48,49,70,82,93,94,101,105; characteristics of 7; collaborative 18; and copying 23, 38, 70,105; and danger 1, 2, 3, 9,10,13,105; exemplary 15; extraordinary2,17, 25; and genius 6; historical 22; and innovation 3; latent 18;

and leadership 2; linguistic 28; and mental health 1,2 10,11,13; minimal sense of 15; normal 35; objects of 3; ordinary 16,17; and originality 23; outcome(s) of 3,15; as process 18, 23; product(s) of 3, 21; psychological 22; psychology of 28; rules for 25; social 19; spark of 22; and teaching 3, 23, 24,25, 26, 49;Test (Great British Creativity) 1, 2; theory of 106; as trait 18; and translation 3,38, 46,48,93,94; translational 5
Critique of Judgement 4,6
Critique of Pure Reason 3, 6
Cross-temporal translations 71
crowd-sourced projects/translations 35,36
Crow,T. J. 12
Csikszentmihalyi, Mihaly 1,2,18,26, 28
Culpeper, Jonathan 79 cummings, e. e. 19

Daemon(s) 16
dance: Samoan 29
Danchev, Alex 2
Danish 27,39,40,57, 77,82, 83,84, 85, 86,87,88,90,94,97,98,101,102,103
Dante Alighieri 72, 92
David, E 65
Davidson, Donald Herbert 47, 50, 51, 52, 53,54, 55,56, 58, 64, 65
da Ibrre, Manual Gomes 36
definitions: analytical 50
Delabastita, Dirk 79
de Lange, Nicholas 78
Delisle, Jeanne-Mance 80
Den grimmeAlling ('The Ugly Duckling') 40,97
dialect(s) 30; translation of 75, 76
Dickens, Charles 103
Dickens, Eric 75
direct cortical electro-stimulation 61
Dissanayake, Ellen 28
disposition 14,25
domain specificity 15
domesticating 72
drama 10, 73, 81; translation (of) 73, 76,81
Dufiy, Carol Ann 79
Dulcken, Henry William 99,100
Dutch 46,71,74
dynamic equivalence translation 43
dynamic interference 63

Eagleman, David 18,19, 20
educating 25
education 3, 14, 15, 16, 21, 22, 23, 24, 31,116
eighteenth-century Latin poetry 72
eighteenth-century poets: British 72
electroencephalography (EEG) 60
elite: creative 16,21
Ellis, Steve 72,92
empirical endeavour 37; experiments 9; investigation 10; studies 4, 48, 66; work 10
English 40,46,75,76,77, 82,83, 84, 85, 86, 87, 88, 89, 90,91, 97,98,102; dialect of 75; Middle 82; modern 86, 88; Old 76; Scottish 76; standard 75, 76,77
English regional dialects 76
equivalence(s) 40, 43; dynamic 43; translational 50
Ericsson, K. Anders 58
error(s) 63; performance 63
Euripides 81
evaluation of ideas: critical 25

evoked-response potentials (ERPs) 60
excellence: motivational/of motivation 15
exemplary creativity 15
experimental language art 56
Explaining Creativity: The Science of Human Innovation 3
extraordinary creativity 2,17, 25
extrinsic motivation 14,15
eye gaze 59, 62; movements 32, 59, 60; tracking 32

fairy tale(s)/fairytale(s) 82,88
fan-subbing 35
Findlay, Bill 80
Finnegans Wake 79
first meaning(s) 53, 54, 55, 63
Fisher, Lina 79
fixation(s) 32, 60
Fodor, Jerry 15
fbreignising 72
Forestilling otn det tyvende drhundrede 101,102
French 33,34,63, 72,75, 78
Fr0ken Smillas fornemmelse for sne 57, 101
Fry, Roger 27,28
function(s) 15, 44,45, 46, 56, 73; artistic 45; cognitive 46; conative 44; emotive 44; expressive 44; language 44; linguistic 44; mental 15; metalingual 44; phatic 44; poetic 44; referential 44
functional magnetic resonance imaging (fMRI) 61
functional near - infrared continuous wave spectroscopy (fNIR$_{cws}$) 61

Galanaki, Rhea 74,119
games localization 36
Gansel, Mireille 58
Garcia, Adolfo 61
Gaut, Berys 14,24,25
gaze 59,60, 62; behaviour 62; time 60
Gelman, Alexander 76
genius(es) 4,6,7,10,11,13,17,18, 21, 25,107; artistic 7; creative 11,16,21, 25; mad 11; and madness 10
German 33,79, 80, 96
Get Creative Festival 1
gift 1,4, 6,7,15,16,22,33
Gilmore, John 72
Glaswegian 76
Goethe. Johann Wolfgang von 3
Goll, Yvan 79
Gompertz, Will 25
Google Translate 20
Goytisolo, Juan 74
Great British Creativity Test 1
Greek 27, 43, 81; plays 81; tragedies 81
group translation 4,35, 36, 48
guideHnes 4,25,28,31,43,48

Hcervcerk 94
happenstance 24
Harder They Come 36
Harpman, Jacqueline 78
Harris, Brian 33,34, 46,48
Hatim, Basil 64
Haveland, Barbara 101,102
Heaney Seamus 76
Hell 72
Heraclitus 38
Hilma af Klint 8,16
Hirst, Damien 24
historical creativity 22
History of Danish Dreams 101,102
Hoeg, Peter 57, 65, 66,101

Hoem, Edvard Arnt 77
Hokusai, Katsushika 19
Holberg, Ludvig 77
Holmes, James Stratton 70, 71
Homer 43, 80
Howells, Richard 27
Howitt, Mary 57,93, 94,99,100
Hulden, Lars 75

imagination 1, 6,14; creative 6,14
imaging (studies) 61, 62; neural 62
imitation 7,23,24,25, 28,31, 42,48,49; argument 24
imperative: translational 29,30,68,70,106
inborn factors 16,21
In Defence of Genius' 17
indirect speech acts 53
Inferno 72
Ingarden, Roman 45, 79
innateness 15,48
innovation 3
inspiration 15,18,27
intended meaning 53
interaction: linguistic 64-65
interference 47, 63, 64, 66; dynamic 63; static 63
interpreter(s) 34; young 34
Interpreter and Translator Trainer 40
interpreting 34, 35, 58, 61, 62, 63; abilities 34
intrinsic motivation 14, 33
introspective studies 58, 61
investigation(s) 10,12, 32, 59; empirical 32;methods of 59
Iowa Writers' Workshop 12
Iphigenia In Aulis 81
Italian 74
Italian Code of Criminal Procedure 36

Jakobsen, Arnt Lykke 36, 60, 62
Jakobsen, Roman 44,59
Jensen, Kristian T. H. 60
Jeppe paa Bjerget (*Jeppe on the Hill*) 76-77
Joachim, Joseph 11
Johns,Tim 98, 99
Johnson, Rachel 6
Johnston, David 73, 75, 80, 81
Joyce, James 39,74,79
Jungle Books 16

Kamenszain,Tamara 82,118
Kant, Immanuel 3,4, 6, 7, 8,14, 21,23, 24,28,40,41,49,105
keystroke(s) 59; logging 32
Kiefer, Anselm 2
Kieran, Matthew 14,15
Kierkegaard, Soren Aabye 94
Kitnl 6
King James Bible 35
Kipling, Rudyard 16
Klitgard, Ida 19
knowledge 23, 24,25,37, 54,55,64, 67, 70,82,106; declarative 64; of the translation process 64
Krings, Hans Peter 59
Kripke, Saul 103
Kristensen,*Tom* 94
Kyaga, Simon 11,12

La Carroza de Bolivar (*Feast of the Innocents*) 35
La casa de BernardaAlba (*The House of Bernarda Alba*) 73
La Chanson de Roland (*The Song of Ro-*

land) 80
language(s) 15, 38,44,46, 47,48, 50, 51, 53,54,56,57,58,61,62,63,64,66, 67,68,73,74, 75,76, 79,80, 82,97, 99,105,106; ability 47; acquisition 47; analytical philosophy of 49; art (experimental) 56; competence 64; faculty 15; function(s) 44; object 38; processing 58,63; stage 73; theory/ies of 50, 79; use 38, 44, 48; user(s) 50,53
Latin 27
Leadbeater, Charles 18,19,24
learning 7, 23, 24, 25, 28, 32
Lefevere, Andre Alphons 41,42
left hemisphere dominance 61
Leopold, Werner E 34
Lewis, David 56
linguistic interaction 56, 64; processing 63
literal meaning 53
literalness 42, 53
literary fairy tale 82; work(s) 3,9,37,45
Llado, Ramon 79
localisation: games 36
Locke, John 32
Loffiedo, Eugenia 3
Lorca, Federico García 74, 81
LosAlmuerzos (*Good Offices*) 35
Lubart,Tbdd 29
Luces de Bohemia 75
Ludwig, A. M. 12

Macizo, Pedro 60
mad geniuses 11
madness 3, 6,9,10,11
Madrid 75
malapropisms 53
Malmberg, Carl 94, 95
Malmkjær, Kirsten. 65, 82
Martinus, Eivor 76
Mason, Ian 64
material(s) 37, 44, 46
May croft, Neil 15,20, 21,27
McLean, Anne 35
McLeish, Kenneth 76, 77
meaning(s) 22,44, 49, 50, 51, 52, 53, 54,55,56,63,95,103; first 53,54, 55, 63; intended 53; literal 53; non-Eteral 53; sameness of 63; stimulus 51; of terms 52; theory of 49,50, 51, 52; of a word 50
memory 16, 61; declarative 61
mental: faculty 16; function(s) 15; illness 12,13; module 15;process(es) 14
metre 81, 82
Middle English verse 82
Milsom, Anna 35
mind 7,13,18,24,32, 37,48,56, 61, 62; artists 7; biological approach to 61; creative 24,108;stability of 13; state of 56; translators 32, 61
minimal sense of creativity 15
Miss Smilla's Peelingjor Snow 65
modular cognitive system(s) 15
module: mental 15
Moller, Paulette 104
moment(s) of translating/translational moment(s) /translating moment(s) 32, 33,36,48,62,63
Monet, Claude 19
monolinguals 48
Morro, Anna Lydia 10
Mors ogfars historic (Mothers and fathers story) 77

Motivation(s)/ motivational 14, 25,33,34, 70,106; excellence (of) 15; extrinsic 14,15; intrinsic 14,33
Mulrine, Stephen 76,11
multicomponentiality 64
multiple readings 74
Munsala dialect 75
muse 10,17

Naedine so vsemi 76
Nanay, Bence 23,24
National Advisory Committee on Creativeand Cultural Education (NACCCE) 15, 23,116
natural translation 33
natural translator 33
nature of translating 29, 59
necessary conditions 50
neo-Kantian philosophical aesthetics 4, 48, 49
Neubert, Albrecht 3 neural imaging 62; process(es) 17
neuroscience 61
Newmark, Peter 41, 43
New Testament 35
Newton, Isaac 7, 8
Nida, Eugene A. 37, 43
non-literal meaning 53
Nordahl, Helge 80
Norwegian 96
N osbaum,Jeff 73
novel/novelty 4,14,20,21,49,106
Nunnally,Tiina 65

Ó Cuilleanain, Cormac 77, 78,92, 95
Old English verse 82
Old Testament 35
'Ole Lukøie' ('Olé Luckoiè'; 'Ole-Luk-Oie')99
'On the Tranquility of the Mind'10
one-criterion terms 50
ontology 52
Ordnet 102
ordinary creativity 2,17, 25
original(s) 3,4,19, 41,42, 43,44, 45, 46,56,57,66,72,73, 80, 96; artefact (s)49; efiEbrt 3; idea(s)18; work(s) 39,48
originality 4, 5,6,7,23,24,28,31,38,39
Orlanda 78
Oseberg ship 95,96,97
ostension 53
ostensive behaviour 53
Ovid 72

painting 28
Paradis, Michel 63
'Paradisets Have' ('The Garden of Paradise') 100
'Parfiim exotique'72
passing theory/ies 55, 56, 57, 64,65,66
pattern(s) 72, 79,80,98; accentual 72
performance 63 81; error 63
Perteghella, Manuela 3
philosophical aesthetics 4,106; neo-Kantian 4, 48,49
philosophical semantics 4
philosophy of language 47, 49, 105, 106
Picasso, Pablo 19,33
Pitj anti atiara 104
Plato 10,14
'Poem 64' 41
poet(s) 11,71, 72
poetry 10,19,28,37, 31,43, 44,45,53,

56,71,72, 73,74, 75, 82; censored 74; classical 71; eighteenth-century Latin 72
Poincare, Henri 17
politeness 53
popularity 18
positron emission topography (PET) 61
posters 27
Pratt, Marie-Louise 37
pretranslation 33,34
Principle of Charity 53
Prindsessen paa Ærten('The Princess on the Pea')82,83
prior theory 55, 56, 65, 66
problem(s) 25, 26,27, 58, 59,77,78,80, 81
'Problemata xxx. i'10
problem-driven model 26
problem-solving 59
process(es) 4,9,11,14,15,17,18,19,23, 25,26,28,29, 32,33, 36,48, 49,50, 58,59,60,61,62,63,64,67,69,70,77, 93,104,105,106; choice 67; creative 9, 11,15,19,25; cognitive 61; mental 14, 23, 26, 61; neural 17; of reading 60; (o。translating 4,29,32, 33,36,48,49, 50,58,59,60,61,62,63,64,69,70,77, 93,104,105,106; of writing 62
processing 58, 63, 64; language/linguistic 58, 63; Source Text 64;Target Text 64
professional author (s) 12; translator (s) 36,39,60,61,63
proper names 103
protocol(s): think-aloud 58, 82
prose 41
Proust, Marcel 80
Psalm 137:1 35
psychological creativity 22; faculty 15
psychology 26,28, 58,61;cognitive 26, 61; of creativity 28; experimental 58
psychopathology 11
psychosis 11,12
pun(s) 43, 53
pupil size 32
Putnam, Hilary Whitehall 50
Pym, Anthony David 38, 64, 67, 78

Quine, Willard van Orman 50, 51, 52
Quines pessimism 50
Qvale, Per 103

radical translation 48, 51; interpretation 48
reading 29, 66,69, 74,94, 98,99; aesthetic 98,99; for comprehension 60; process 60; time(s) 59,60; for translation 60, 65,66,67,69
reference 51
register(s) 63, 71; analysis 79; formal 63; informal 63
Rehn, Alf 4,13,14, 23,38, 70,105
Relevance Theory 53
renewal 68
Republic 10
research methodologies 58
retrospective (protocol) studies 58
RHeinhardt, Tobias 10
Rhone, Trevor D. 36
Richards, David B. 3
Rifbjerg, Klaus 94
right hemisphere dominance 61
Robinson, Ken 1,14,16,18, 25, 27
Ronjat, Jules 33,34
'Rosenalfen'('The Rose Elf') 100
Rosero, Evelio 35

Rossi, Cecilia 82
RP (received pronunciation) 76
rules argument 24
Russian 76
'Rustic Landscape'/'Rustiek landschapje' 70

Sappho 71, 74
Sawyer, R. Keith 2,3,14,25,26
Saxon 76,82
Schaeffer, Moritz Jonas 60,62
Schou, Lasse 62
Schumann, Robert 11,12
Schwartz, Ros 58
science 7,37,45,46,61
scientific text(s) 45; theory/ies 9; work 45
scientist(s) 7,11
Scott, Clive 72, 73
Scottish 76
Scottish-EngEsh 76
Scruton, Roger 29,30,67,69,103
Searle, John Rogers 61, 62
seif-censorship 74
self-criticism: reflective 16
self-translator(s) 65
Selver, Paul 37
Semantics 4,50; philosophical 4
Semino, Elena 79
Seneca 10,14
sense 38, 42, 51,103
sentence translation 61
Septuagint 38
Shackelford, Frankie 77
Shakespeare, William 36, 77
Shattuck, William 37
Sheppard, Nancy 104
Sherwood, Bianca 33, 34, 46,48
Shorthose, Jim 15,20, 21, 27
Shreve, Gregory 64
Simon, Herbert A. 58
Sinclair, John McHardy 37
single word translation 61
skill(s): specialist 36
Snoek, Paul 70
Spakov, Oleg 62
Spanish 81
specialist skills 36; texts 36
Speech acts: indirect 53
Sperber, Dan 53
'Sprachkompetenz'(language competence) 64
stage language 73
stages of natural translation acquisition 33-34
standard English 75, 76
static interference 63
stimulus meanings 51
'Storkene' ('The Storks') 93
strategies 33, 41,42, 57, 58—59, 93
stylistics: cognitive *see* cognitive stylistics
supra-sentential text translation 61
Svanen (The swan) 8
Swedish 75

tact 53
talent 4,6,7,11,15,48
TAP studies 58,59,62,82
task time 60
teachability 40
teaching 4, 8,23, 25,27,34,40,46, 49
technē (Greek) 27
technology 36, 59; translation 36
Teevan, Colin 81
theatre translator 80
'The Reel of the Hanged Man' 80
'The Windows' 79

things-in-themselves 10
think-aloud protocols) (TAP(s)) 58, 82
Thornton, Grace 93
Tbbii 1750 remote eye-tracker 60
Tburniaire, Claudine 92
Tbury; Gideon 34, 64
Toward a Science ofTranslating 37
tragedies: Greek 81
training 18,34, 46
trait(s) 10,13,14,15,16,18
transduction 34
transfer competence 64
translab oration 36
translating 3,4, 5,9,24,28,29,31,32, 33, 34,35, 36,37,38—39, 39,40, 41,42, 43,45,46,48,49,50,56,58,59,60,61, 62,63,65,66,68,69,70,80,81,92,93, 94,103,104,105; ability(ies) 4, 35, 48,49; acts of; aesthetic 93; a-creative, an-aesthetic 93,104; approaches to 92; creative 49,68,93 103; moment(s) (of) 32 36,48, 63; non-creative 104; for performance 81; procedures 43; process (es) (of) 4, 29,32, 36,48, 49, 50, 58, 59,60,61,62,63,69,70,105; professional 61; specialist text(s) 36; strategies 33, 42
Translating Poetry: Seven Strategies and a Blueprint 41
translation(s) 3, 4, 5, 9,20, 22,24, 29, 30, 31, 32,33,34,35,36,37,38,39, 40,41, 42, 43,45,46,48,49,50,51, 52,56, 57, 58,59,60,61,62,63,64, 65,66,67, 68,69,70,71,72,73,74,75, 76,77,78, 79,80,81,82,88,92,93,94, 95,97,98, 99,100,102,105,106; a-creative 93; act 38; adequate 64; an-aesthetic 93,97; annotated 72; audio-visual 36; blank verse 41; censorious 93; classroom 39; collaborative 36; competence 38,64; creative 5,32,67,70,74, 94,99,104; crowdsourced 36; decisions 79, 92; of dialect(s) 75; difficulty 89; of drama 76, 80; equivalence40,43; equivalent(s) 78,93; free-verse 73; group 36; interpretative 42; legal 58; literal 41, 45,71; literary 3, 58; loan 45; manual(s) 50; metrical 41; model(s) of 65; natural 33; pedagogy 40; phonemic 41; of poetry 45, 71; poetry to prose 41; problem(s) 58; process(es) 36,49,59, 61, 62,64,105; process research 4; projects 35; radical 48, 51; rhymed 41; scholars 3, 37,49,58,95,97; sentence 61; single word 61; software 20; student (s) 39, 60; studies 3,40, 56,58,70, 95, 105; *see also* cognitively oriented translation studies; experimental translation studies; tasks(s); technology/ies; theoretical translation studies; theory of; supra-sentential;verse; word
Translation and Translanguaging in Multilingual Contexts 36
translational equivalence 40; equivalent 101; expertise 46; imperative 29,30,68, 70,106; output 33; situation 33;*see also* analysis of the translational situation
translator(s) 3,4,9,29, 33,35, 36,38, 39, 40,41,42, 43,49, 56, 57, 58, 59, 60, 61,62,63,64,65,66,67,68,69,70, 72, 73,74,75,78,79,81,82,92,93, 102, 103,104,106; behaviour 59,62, 63; commercial 66; Hterary 9; natural 33, 34; non-literary 9; professional 36,

39, 60, 61, 63; as reader 65; theatre 73,77, 80; as writer 70
Translog 62
Traugot, Elizabeth Close 37
Truth 2, 52, 53
Turner, Mark 20
Tyndale, William 35
typing activity 32
typing behaviour 62

Ulysses 39
unilingual brain 63

Valdés, Guadalupe 34
Valle-Inclán, Ramón del 75
Van Gogh, Theo 15
Van Gogh, Vincent 15
Venuti, Lawrence 72
verse 41, 42, 73, 81, 82, 105; blank 41—42; free 73; rhyming 41
Vienne, Jean 32
Vil *han klare pynten*? (Will he make it round the point?) 8, 9
virtue of character 14, 15
visual art 10, 37; artists 24

Waldman, Guido 65
web 19
Wieland, Christoph Martin 7, 8
Wikipedia 19
Wilson, Deirdre 53
Wilss, Wolfram 64
word translation 20, 42, 58, 61, 102
work(s) 61, 72; of art 8, 27, 33, 37, 45, 69; creative 4, 49, 71; literary 3, 9, 37, 45; original 38, 39, 48, 49; scientific 45, 46; of translation 36, 71, 106
writer(s) 11, 12, 24, 39, 57, 65, 66, 69, 70
writing 11, 56, 62, 66, 67, 69; creative 69; process 62; translated 11
Wundt, William 58

Yorkshire dialect 76
Young interpreter 34; natural translator 33

Zemsta (*Revenge*) 81